L'ARGENT,

COMÉDIE EN CINQ ACTES ET EN VERS,

De Monsieur

Casimir Bonjour;

REPRÉSENTÉE POUR LA PREMIÈRE FOIS, SUR LE THÉATRE FRANÇAIS, LE 12 OCTOBRE 1826.

« ...... La pente est douce et l'abîme profond,
« L'honnête homme cupide est bientôt un fripon. »
(Acte II, Scène XI.)

Paris,

PONTHIEU, LIBRAIRE, AU PALAIS-ROYAL,
GALERIE DE BOIS;
AMYOT, RUE DE LA PAIX, N° 6.

1826.

L'ARGENT,

COMEDIE.

OUVRAGES DU MÊME AUTEUR, QUI SE VENDENT CHEZ LES MÊMES LIBRAIRES :

LA MÈRE RIVALE, comédie en 3 actes, en vers. 2 fr. 50 c.
L'ÉDUCATION, ou LES DEUX COUSINES, comédie
en 5 actes, en vers............................... 3 fr. 50 c.
LE MARI A BONNES FORTUNES, comédie
en 5 actes, en vers............................... 4 fr. » c.

IMPRIMERIE ET FONDERIE DE J. PINARD,
RUE D'ANJOU-DAUPHINE, N° 8.

L'ARGENT,

COMEDIE EN CINQ ACTES ET EN VERS,

De Monsieur
CASIMIR BONJOUR.

REPRÉSENTÉE, POUR LA PREMIÈRE FOIS, AU THÉATRE-FRANÇAIS,
LE 12 OCTOBRE 1826.

> « . . . . . . La pente est douce et l'abîme profond,
> « L'honnête homme cupide est bientôt un fripon. »
> (Acte II, Scène XI.)

PARIS,

PONTHIEU, LIBRAIRE, PALAIS-ROYAL,
GALERIE DE BOIS;
AMYOT, LIBRAIRE, RUE DE LA PAIX, n° 6.

1826.

PERSONNAGES*.	ACTEURS.
M. DALINCOURT, banquier.	MM. Michelot.
M. DE BELLEVILLE, gentilhomme de province.	Desmousseaux.
M. CHALET, spéculateur.	Monrose.
JULES, fils de M. de Belleville, premier commis de M. Dalincourt.	Lecomte.
M. TOURNEFORT, poète.	Samson.
M. DE NEUBOURG, agent d'un prince étranger.	Delafosse.
FRANÇOIS, valet de chambre.	Armand–Dailly.
M. LAHIRE, notaire.	Saint-Aulaire.
UN JUGE DE PAIX.	Dumilatre.
Mme DALINCOURT, belle-mère de Jenni.	Mmes Leverd.
JENNI, fille de M. Dalincourt.	Despréaux.
HYACINTHE, femme de chambre.	Desmousseaux. Thénard.
Gardes du Commerce.	
Valets en livrée.	

La scène est à Paris, dans le salon de M. Dalincourt.

---

* On a observé, dans l'impression, l'ordre des places des personnages, en commençant par la droite de l'acteur.

PRÉFACE.

Un auteur a toujours mauvaise grâce à parler de lui, surtout pour se défendre. Mais quand on attaque l'homme, et non pas seulement l'ouvrage, la justification devient permise : l'honneur passe avant la gloire.

Jusqu'à présent, tout m'avait souri; j'avais offert au public trois pièces qu'il avait accueillies avec une extrême bienveillance. Encouragé par un aussi heureux début, j'en mets au jour une quatrième; et voilà qu'un orage épouvantable gronde autour de moi. Beaucoup de gens m'écoutent avec humeur, avec passion; l'intérêt fait place à l'éloignement, la bienveillance à la colère. La plupart des journaux suivent ce mouvement; des critiques estimables parlent de moi avec une dureté qui m'a été d'autant plus sensible, qu'il m'était impossible de ne pas croire à leur bonne foi. On prononce les mots de *mauvais esprit,* de *tentative insensée!* Cette espèce de soulèvement contre moi m'a profondément affligé. Je dois au public, et à moi-même, de répondre aux inculpations dont je suis l'objet; je vais commencer par ce qu'il y a de plus pénible.

On a dit que, nouvel Aristophane, j'avais fouillé dans la vie privée; que j'avais traduit sur la scène, et personnifié des banquiers, des commerçans, des grands seigneurs, des hommes de lettres, et jusqu'à des dames de charité. Des amis maladroits ont eux-mêmes dénoncé ces personnes en prétendant les reconnaître; on est venu me chuchoter à l'oreille des noms que je ne connaissais pas; on m'a raconté tout bas des anecdotes, tendant à établir une ressemblance entre certaines gens et mes personnages. C'est là ce qui m'a décidé à protester hautement, dans les journaux, contre toute espèce d'application, à déclarer, sur l'honneur, que je n'avais eu aucune arrière-pensée, et que j'avais voulu faire des tableaux et non pas des portraits. Je l'affirme encore. Cette partie de ma justification sera, j'ose le dire, facilement accueillie . j'en appelle à tous ceux qui me connaissent.

PRÉFACE.

Par une fatalité bien cruelle pour moi, par une contradiction bien étrange, ce tableau, où l'on assure avoir reconnu tant de gens, est accusé de manquer de vérité; nombre de critiques m'ont fait ce reproche. Ce n'est pas là, s'écrie-t-on, la France du xixe siècle; vous n'avez pas peint notre époque. Certes, je n'ai pas la prétention d'avoir renfermé les mœurs actuelles dans une comédie en cinq actes, et c'est ce qui m'a déterminé à supprimer mon second titre, comme trop ambitieux. Mais je persiste à croire que le point de vue que j'ai pris est juste, que l'amour de l'or est une des spécialités de notre temps. Cette passion, sans doute, est fort ancienne, les déclamations contre le vil métal remontent jusqu'au déluge; mais, de nos jours, ce travers est et doit être plus grand; il s'est infiltré, pour ainsi dire, dans la société tout entière.

Avant la révolution, au lieu d'une noblesse nominale que nous avons aujourd'hui, il existait une noblesse réelle, qui avait ses droits et ses priviléges. Il fallait être gentilhomme pour avoir une grande existence sociale; ce titre ouvrait l'accès à tous les emplois, à toutes les faveurs; il était par conséquent le point de mire de la plupart des ambitions. Quand il s'élevait, dans l'Etat, une notabilité civile ou militaire, la noblesse l'attirait à elle : un parchemin devenait sa récompense. Aussi, la manie des titres était-elle la manie du temps, et nos prédécesseurs, les poètes comiques, ont dirigé contre elle une partie de leurs traits. De nos jours, il n'en est point ainsi. Il n'y a plus guère en France que deux classes : les riches et les pauvres; l'aristocratie des écus a remplacé celle des noms. Elle a bien aussi ses travers et ses ridicules; je les ai attaqués, j'ai dû le faire. Pourquoi donc cette susceptibilité qu'on a témoignée? En vérité, je serais tenté d'en être fier, et de la prendre pour un aveu.

Des critiques bienveillans m'ont reproché d'avoir trop généralisé dans ma pièce, de n'y avoir pas mis un seul personnage à l'abri de la contagion, excepté les deux jeunes gens dont j'ai, même d'avance, rembruni l'avenir. Si j'avais placé une exception dans mon ouvrage, il est clair en effet que tout le monde se serait réfugié dans l'exception. Voilà pourquoi on m'a spirituellement demandé *un petit bout d'honnête homme*. Ce genre d'opposition est si ordinaire dans une comédie, qu'on me fera bien l'honneur de croire que j'y avais pensé! Mais je n'ai pas voulu l'admettre. L'identité de ridicules dans mes personnages était une nécessité de mon sujet, tel que je l'ai conçu. La variété ne pouvait exister que dans les formes du travers, et les jeunes gens seuls devaient faire le contraste. Mon tableau pousse au noir, je le sais; la société actuelle offre des points de vue plus rians, que plus tard je saisirai sans doute. J'ai fait choix de celui-ci dans un moment de misanthropie. Quoi qu'il en soit, je le répète, je crois être dans la vérité; j'ai peint ce que j'ai sous les yeux, ce qu'on rencontre à chaque pas. Le caractère distinctif de l'homme, à toutes les époques, est de rechercher son bien-être; le caractère distinctif de l'homme, de nos jours, est donc de rechercher *l'argent,* qui est devenu le seul signe représentatif du bien-être et des jouissances possibles. Tout individu qui a des désirs, des passions, c'est-à-dire, tout individu bien conformé, doit nécessairement se proposer ce but; c'est le mouvement du siècle, c'est la tendance universelle. En elle-même, elle n'est pas blâmable, au contraire; mais elle a souvent des résultats qui le sont. C'est précisément ce que j'ai voulu établir dans ma comédie. De mes deux principaux personnages, l'un trouve bons tous les moyens qui peuvent le conduire à la fortune, l'autre a des tentations auxquelles il résiste. Il hésite, il lutte, mais il ne succombe pas. Le reproche qu'on m'a fait de n'avoir peint que des fripons, n'est donc pas fondé. Si M. Dalincourt n'est pas tout-à-fait un homme délicat, il n'est pas un malhonnête homme, car il refuse de rentrer dans une somme de cent mille écus, par un expédient peu honorable. Quant aux jeunes gens, ils sont honnêtes dans toute l'acception du mot. Il y a donc d'honnêtes gens dans ma pièce! Tous, excepté deux, sont cupides, mais il fallait bien leur donner ce travers; autrement, ils n'appartiendraient pas à mon sujet.

Je dois répondre aussi à un reproche qui m'a été fait avec beaucoup d'aigreur; on a prétendu que j'étais le détracteur de notre âge. Cette accusation a lieu de m'étonner. Certes, je suis bien convaincu que, depuis trente ans, les mœurs se sont améliorées parmi nous; mais ma mission, à moi, n'est pas de le dire; la comédie ne doit pas être un panégyrique.

Je ne terminerai pas cette courte préface, sans

payer ma dette aux acteurs vraiment distingués qui ont rempli des rôles dans mon ouvrage. Ils les ont joués avec beaucoup de talent, ils y ont montré cet ensemble parfait, cet excellent ton de comédie, qui font du Théâtre-Français le premier théâtre du monde. Il en est un que j'aime à citer à d'autres titres (M. Michelot); depuis six ans que je travaille pour la scène, c'est toujours à lui que j'ai confié mon premier rôle, et je lui dois une partie des succès que j'ai pu obtenir. Ce n'est pas seulement comme acteur qu'il m'a été utile; je lui ai d'avance communiqué toutes mes pièces, et il m'a rendu d'inappréciables services. J'ai trouvé en lui, j'ai besoin de le dire, les conseils d'un homme de goût, le talent d'un grand comédien, le zèle et le dévouement d'un ami.

L'ARGENT,

COMÉDIE.

ACTE PREMIER.

SCÈNE PREMIÈRE.

JENNI, brodant.

Il ne vient pas ! Qui peut l'empêcher de descendre ?
Jusqu'à présent jamais il ne s'est fait attendre...
Qu'il me tarde pourtant de le voir arriver !
Je crains ma belle-mère : elle va se lever ;
Si nous étions surpris !... Va-t-il bientôt paraître ?
Ses occupations l'ont retenu peut-être...
Ce pauvre Jule ! il est timide autant que moi ;
Il n'ose ouvrir son âme. Hélas ! je le conçoi,
Il est sans biens ; il est le commis de mon père,
Et par délicatesse il croit devoir se taire.
En cela, mon devoir est de lui ressembler ;
Lorsque son cœur se tait, est-ce au mien de parler ?

SCÈNE II.

JENNI, JULES.

JULES.

(Après avoir regardé autour de lui.) (Haut.)
Elle est seule; oh! tant mieux! Voici, mademoiselle,
Votre musique.

(Il lui offre un rouleau.)

JENNI, sèchement.

Enfin!

JULES.

Que vous êtes cruelle!
Ah! ne me grondez pas si je suis en retard;
Car c'est bien malgré moi que j'arrive un peu tard.
Occupé tout le jour par monsieur votre père,
J'ai, pour la copier, passé la nuit entière.

JENNI.

La nuit!

JULES.

Je desirais que tout fût de ma main...

JENNI, à part.

Bon Jule!

JULES.

Et je n'ai pu finir que ce matin.

JENNI.

Et moi, qui l'accusais, combien je suis coupable!

JULES.

Vous me... pardonnez-donc?

ACTE I, SCÈNE II.

JENNI.

(Vivement.) (A part.)

Oh! oui. Qu'il est aimable!
A-t-on des sentimens plus délicats, plus doux?
(Haut.)
Mais changeons d'entretien; parlons de moi, de vous,
De... tout ce qui nous touche.

JULES.

Eh bien! mademoiselle,
Vous a-t-on fait hier quelque instance nouvelle?
Ce mari, ce Chalet qu'on veut vous proposer...

JENNI.

Hélas! j'en ai bien peur, il faudra l'épouser.

JULES.

Vous, l'épouser, grand Dieu!

JENNI.

Ce qui me désespère,
C'est qu'il est le conseil et l'ami de mon père;
Et...

JULES, à part.

Quel coup pour mon cœur! il en est déchiré.

JENNI, le rassurant.

Mais jamais, non, jamais je n'y consentirai.

JULES.

(Regardant autour de lui.)

Je vous plaindrais!... Hier, des gens que je dois croire,
Des gens qui l'ont connu, m'ont appris son histoire...

JENNI.

Eh bien?

JULES.
On ne dit pas que ce soit un fripon,
Mais...

JENNI.
Mais expliquez-vous, et que rapporte-t-on?

JULES.
Sa vie est un roman; il n'est point de carrière,
De spéculation qui lui soit étrangère.
On l'a vu médecin, comédien, soldat;
Dans les vivres ensuite il a volé l'État.
Possesseur aujourd'hui d'une fortune énorme,
Il s'est, à ce qu'il dit, jeté dans la réforme;
Il s'est fait bienfaisant, et, par humanité,
Dégage les effets du Mont-de-Piété.
Du reste, il est toujours dans toutes les affaires;
Il est dans les emprunts, dans les prêts usuraires,
Et par mille moyens ingénieux, nouveaux,
Fait produire vingt fois les mêmes capitaux.
Il s'occupe de tout, de tout il fait ressource;
Des salons aux comptoirs, du palais à la Bourse,
Il porte son génie actif, intelligent;
Enfin, il est partout où l'on voit de l'argent...
(Plus bas.)
Au reste, on dit tout bas qu'il est dans la détresse...

JENNI, avec joie.
Vraiment?

JULES.
Que son passif égale sa richesse,
Et qu'il a contre lui plusieurs prises de corps.

C'est la bourse à la main qu'il échappe aux recors.
Je sais, à ce sujet, un fait que l'on rapporte :
Un juif, son créancier pour une somme forte,
Le surveilla si bien qu'il le fit arrêter.

JENNI.

Je pense qu'il fallut alors s'exécuter.

JULES.

Non, il passa cinq ans à Sainte-Pélagie
Plutôt que de payer : c'est là de l'énergie!

JENNI.

Mais il n'avait donc pas d'argent?

JULES.

Pardonnez-moi,
Il en avait beaucoup.

JENNI.

Je cherche en vain pourquoi...

JULES.

Lui-même en a donné des motifs raisonnables.
Si je paie, a-t-il dit, un de ces... misérables,
Les autres aussitôt s'attachent à mes pas :
Il faut les payer tous ; je n'en finirais pas.

JENNI.

Mais comment ose-t-il encor lever la tête?

JULES.

Il est riche! chacun le méprise et le fête.

JENNI.

Quel être, juste ciel! et je serais à lui!

JULES.

Madame Dalincourt lui prête son appui;
Il est clair à présent que pour lui tout conspire.

JENNI.

Mais comment donc sur elle a-t-il pris cet empire?

JULES.

C'est qu'il sait en secret flatter ses passions,
Et que pour elle il fait des spéculations.

JENNI, riant.

Des spéculations pour ma mère?

JULES.

Pour elle;
Il est plus d'une femme aujourd'hui qui s'en mêle.
Votre mère le trouve aimable, intéressant,
Par amour pour les cinq et pour les trois pour cent.

JENNI.

Grand Dieu! ma destinée est-elle assez affreuse?
Épouser ce Chalet! que je suis malheureuse!

JULES.

Mais rien n'est fait encore : il a des concurrens;
Un banquier de Bordeaux s'est placé sur les rangs.

JENNI.

O ciel! autre disgrâce!

JULES.

Oui, Jacques de Laronde,
La première maison de toute la Gironde;
En nous expédiant des sucres l'autre jour,
Il en toucha deux mots à M. Dalincourt.

JENNI.

Cela n'est pas possible, il ne m'a jamais vue;
On ne peut désirer le cœur d'une inconnue.

JULES.

Le fait est positif.

ACTE I, SCÈNE II.

JENNI.

Quoi! vous êtes certain
Que cet homme en effet veut obtenir ma main?

JULES, avec douleur.

Hélas! j'ai vu la lettre, et j'en ai pris lecture :
Il en fait la demande au bas de sa facture.

JENNI.

C'est donc au plus offrant qu'on prétend me livrer!

JULES.

Je connais votre père, et je n'ose espérer...

JENNI.

Moi, d'un homme pareil je deviendrais la femme!
Je porterais le nom d'un Chalet, d'un infâme!

(Marchant à grands pas.)

Jamais!... plutôt mourir... oui, dans mon juste effroi...

JULES, à part.

Pauvre enfant!

JENNI, avec passion.

Monsieur Jule, aidez-moi, sauvez-moi,
Je vous implore.

JULES.

En quoi puis-je vous être utile,
Et comment vous sauver?

JENNI.

Par monsieur Belleville.

JULES, vivement.

Mon père? Y pensez-vous? Pour vous servir, hélas!
Que peut-il?

JENNI.

...Votre cœur.... ne vous le dit-il pas?

L'ARGENT,

JULES, avec joie.

Je n'ose la comprendre, et ma surprise extrême...

JENNI.

Oui, monsieur Dalincourt vous estime et vous aime.
Je crois même savoir qu'il a l'intention
De vous intéresser un jour dans sa maison ;
Il faut mettre à profit l'amitié de mon père
Par une tentative aujourd'hui nécessaire.

JULES.

Qu'entends-je?.. Est-il bien vrai?.. Grand Dieu, mon faible cœur
Pourra-t-il supporter l'excès de son bonheur?
Ah! qu'une âme pareille est délicate et rare!

(à Jenni.)

Mais songez quel obstacle à jamais nous sépare!

JENNI.

A jamais !

JULES.

Votre père est très riche, et le mien,
Dans nos troubles civils, a perdu tout son bien.

JENNI.

N'avez-vous pas un nom imposant, honorable?

JULES.

Avec de l'or, un nom est fort recommandable;
Mais malheureusement on en fait peu de cas,
Lorsque des biens réels ne l'accompagnent pas.

SCÈNE III.

JENNI, MADAME DALINCOURT, écoutant sans être vue dans le fond du théâtre, JULES.

JENNI.
N'importe. Essayez tout, je vous le dis encore;
Sauvez-moi, sauvez-moi de ces gens que j'abhorre.
JULES.
Si pourtant votre espoir, si le mien sont déçus,
Il faudra nous quitter; je ne vous verrai plus.
MADAME DALINCOURT, à Jenni, en s'avançant.
Ah! voilà donc pourquoi vous êtes matinale!
JENNI, à part.
Ma belle-mère, ô Dieu!
MADAME DALINCOURT.
N'est-ce pas un scandale?
A coup sûr, j'étais loin de présumer...
JULES, avec dignité, en offrant de nouveau à Jenni le cahier de musique.
Voici
Vos trois duos, que j'ai copiés ces jours-ci.
JENNI.
Mes... duos... Oui... Fort bien.
JULES.
Pour votre symphonie,
Je vous l'apporterai, quand je l'aurai finie.
(Il sort, après avoir salué respectueusement.)

SCÈNE IV.

MADAME DALINCOURT, JENNI.

MADAME DALINCOURT.
Le prétexte est piquant! Je ne m'étonne plus
Si tant de beaux partis éprouvent des refus,
Si Chalet n'a pas eu le bonheur de vous plaire.
Ainsi, c'est un commis que votre cœur préfère!

JENNI.
Madame, permettez...

MADAME DALINCOURT.
Je vous reconnais bien,
Quel goût ignoble! aimer un homme qui n'a rien!
Écoutez. Je veux bien cacher à votre père
Un penchant que vous-même étoufferez, j'espère.

JENNI, à part.
Ah! le ciel soit loué.

MADAME DALINCOURT.
Mais j'entends dès demain
Que de M. Chalet vous acceptiez la main.

SCÈNE V.

MADAME DALINCOURT, JENNI, M. CHALET.

M. CHALET, dans la coulisse.
Restez ici, Joseph; que mon boguey m'attende;
Je sors dans un instant.

ACTE I, SCÈNE VI.

(A Jenni, une fleur à la main.)

Combien ma joie est grande
De pouvoir vous offrir...

(Jenni sort.)

Eh bien! elle s'en va!

MADAME DALINCOURT.

Elle est un peu sauvage, elle se formera.

M. CHALET.

Vous croyez?

MADAME DALINCOURT.

Comptez-y, c'est une affaire faite.

(Elle sonne.)

Mais permettez, je vais achever ma toilette.

(M. Chalet s'incline.)

SCÈNE VI.

M. CHALET, MADAME DALINCOURT, HYACINTHE.

HYACINTHE, à Madame Dalincourt.

Je dois vous avertir...

MADAME DALINCOURT.

Mon Dieu! pas de discours.

(Elle s'assied devant sa toilette.)

Mon cher, donnez-moi donc des nouvelles du cours.

M. CHALET.

Il a fléchi.

MADAME DALINCOURT.

Fléchi?

M. CHALET.

De quarante centimes;
Peu de comptant du reste, on a tout fait à primes.

MADAME DALINCOURT.

(Pendant toute la scène, elle ajuste ses cheveux, sa collerette, etc., et se fait des mines dans la glace.)

En dit-on le motif?

M. CHALET.

Quelques lettres du Nord.

MADAME DALINCOURT.

Qu'ont-elles donc appris?

M. CHALET.

Le roi de Suède est mort.

MADAME DALINCOURT, à Hyacinthe.

Ma ceinture.

M. CHALET.

On en fait grand bruit en Allemagne.

MADAME DALINCOURT, à M. Chalet.

Mais avez-vous vendu notre rente d'Espagne?

M. CHALET.

Non, madame.

MADAME DALINCOURT.

Mon rouge.

M. CHALET.

Elle vient de baisser.

MADAME DALINCOURT, à Hyacinthe, qui touche ses cheveux.

Prenez donc garde, vous, vous allez me blesser.

(A M. Chalet.)

Et nos ducats?

ACTE I, SCÈNE VII.

M. CHALET.

Ils sont devenus magnifiques.

MADAME DALINCOURT.

Ma chaîne.

(A M. Chalet.)

J'ai regret d'avoir des métalliques ;
Ils se vendent fort mal, et nous aurions mieux fait
D'acheter des canaux, c'est un meilleur effet.

M. CHALET.

C'est possible.

MADAME DALINCOURT.

C'est sûr.

(A Hyacinthe.)

Mais passez donc à droite,
Hyacinthe ; peut-on être aussi maladroite ?

M. CHALET.

En effet, les canaux...

MADAME DALINCOURT, à Hyacinthe.

Serrez-moi ces chiffons.

(Hyacinthe sort.)

SCÈNE VII.

MADAME DALINCOURT, M. CHALET.

MADAME DALINCOURT.

A propos, m'avez-vous apporté quelques fonds ?

M. CHALET.

Non.

MADAME DALINCOURT.

Comment non, monsieur! J'ai fait mainte dépense,
Et je désirerais toucher ma différence.

M. CHALET.

C'est fort bien ; mais aussi vous semblez oublier
Que vous avez perdu beaucoup le mois dernier.
Les gains ne couvrent pas la perte.

MADAME DALINCOURT.

                      C'est étrange.

M. CHALET.

Compte fait, vous devez à votre agent de change
Dix mille écus encor, mais il attendra bien.

MADAME DALINCOURT.

Que vais-je devenir? Il ne me reste rien.

M. CHALET.

Et M. Dalincourt?

MADAME DALINCOURT.

            C'est un moyen extrême.
Mais... quel fracas!

M. DALINCOURT, dans la coulisse.

Des vers!

M. CHALET.

        Eh! le voici lui-même.

SCÈNE VIII.

MADAME DALINCOURT, M. DALINCOURT, suivi de **FRANÇOIS**, qui porte des journaux, **M. CHALET**.

M. DALINCOURT.

Des vers !

MADAME DALINCOURT, allant au devant de lui.

Expliquez-nous le trouble où je vous voi.

M. DALINCOURT.

Des vers ! je ne suis plus en sûreté chez moi.
Rimer dans mes bureaux ! Conçoit-on cette rage ?

FRANÇOIS, arrangeant les gazettes.

C'est le quinze aujourd'hui, j'irai voir le tirage.

M. DALINCOURT, à son valet.

Monsieur Jule.

FRANÇOIS.

(A part.)

Il n'est pas arrivé. C'est certain,
Mes quatre numéros sortiront ce matin.

M. DALINCOURT.

A dix heures, comment ? cela n'est pas possible.

MADAME DALINCOURT.

Mais je l'ai vu.

FRANÇOIS, à part.

Le terne, au moins, est infaillible.

Un terne !

M. DALINCOURT.

Et mes commis, ne seraient pas venus ?
Combien donc, deux ou trois ?

FRANÇOIS, criant.

Un terne tout au plus.

(Il sort.)

SCÈNE IX.

Mme DALINCOURT, M. CHALET, M. DALINCOURT.

M. DALINCOURT.

Un terne ! l'imbécille avec sa frénésie !

M. CHALET.

Moi, je méprise aussi beaucoup la poésie.
Mais ce travers, comment se l'est-il donc permis ?
Vous m'aviez dit pourtant qu'il était bon commis.

SCÈNE X.

Mme DALINCOURT, M. CHALET, M. DALINCOURT,
JULES.

JULES.

Je vous cherchais, monsieur.

M. CHALET, à madame Dalincourt.

Le prévenu s'avance.

M. DALINCOURT, à Jules.

Monsieur, j'avais en vous placé ma confiance !...

JULES, apercevant le papier.

Dieu! ce sont mes couplets; nous sommes découverts.

M. DALINCOURT.

Oui, je vous estimais, et vous faites des vers!

JULES, à part.

Je suis perdu.

M. DALINCOURT, lui montrant le papier.

C'est là, je crois, votre écriture?

JULES.

Je dois en convenir; cependant, je vous jure
Que celle qui mérite et mon cœur et ma foi,
Ne connaît pas ces vers.

M. DALINCOURT.

Et que m'importe, à moi?

JULES.

(A part.)   (Haut.)

Il ne sait rien. Je tiens à garder votre estime.

M. DALINCOURT.

Vous en êtes l'auteur, et voilà votre crime.
Des vers!

JULES.

Mais mes devoirs ont tous été remplis.

M. DALINCOURT, regardant les couplets avec colère.

On m'a même assuré qu'ils étaient forts jolis.

JULES.

De grâce, permettez...

M. DALINCOURT.

Un de ces jours, je pense,
Vous me mettrez des vers dans ma correspondance!

JULES.

Veuillez croire pourtant...

M. DALINCOURT.

On me l'avait bien dit,
Que pour être commis vous aviez trop d'esprit.
En résumé, monsieur, voici ce que je pense :
En faveur du passé, j'aurai de l'indulgence.
Je vous ai vu toujours intelligent et doux ;
Je veux tout oublier, mais j'aurai l'œil sur vous ;
Et s'il vous arrivait dorénavant de faire
Des bouquets pour Iris, entre nous plus d'affaire.

(Jules sort enchanté.)

SCÈNE XI.

Mme DALINCOURT, M. DALINCOURT, M. CHALET.

MADAME DALINCOURT, à son mari.

Venons au fait ; je suis dans un besoin urgent,
Monsieur, vous me voyez tout à fait sans argent.

M. DALINCOURT.

Mais votre pension...

MADAME DALINCOURT.

Ne peut pas me suffire ;
Je veux un supplément.

M. DALINCOURT.

Que venez-vous me dire ?
Trois mille francs par mois bien assurés, bien francs !

MADAME DALINCOURT.

Que voulez-vous qu'on fasse avec trois mille francs ?
Il me faut d'autres fonds.

ACTE I, SCÈNE XI.

M. DALINCOURT.

Impossible, madame.

MADAME DALINCOURT.

Il les faut.

M. DALINCOURT.

Je ne puis.

MADAME DALINCOURT, le cajolant.

Mon cher ami...

M. DALINCOURT.

Ma femme...

MADAME DALINCOURT.

Je vous en prie...

M. DALINCOURT.

Allons, je ne résiste plus.

MADAME DALINCOURT.

Il est charmant!

M. DALINCOURT.

La somme, enfin?

MADAME DALINCOURT.

Dix mille écus.

M. DALINCOURT, tirant un billet de son portefeuille.

Voilà, mon Herminie, un mandat sur ma caisse.
(Tendrement.)
Où va donc votre argent?

MADAME DALINCOURT.

En frais de toute espèce.
Par exemple, j'achète un landau neuf.

M. DALINCOURT.

Comment!
Le vôtre est fort joli, ma femme.

MADAME DALINCOURT.

Assurément.
Mais celui que je vois à madame Croizille,
Est bien mieux que le mien, plus frais.

M. CHALET.

Quel luxe brille
Chez ce banquier d'un jour!

M. DALINCOURT.

C'est vraiment indécent!

MADAME DALINCOURT.

Épouvantable!

M. DALINCOURT.

A moins de gagner cent pour cent,
Ils seront avant peu réduits à la misère.

M. CHALET.

Si cela leur arrive, on ne les plaindra guère.

M. DALINCOURT, *vivement.*

Je trouve le mari toujours sur mon chemin!...

MADAME DALINCOURT, *idem.*

Et moi la femme ; elle est coquette !

M. DALINCOURT, *idem.*

Est-on plus vain?
Prétendre m'égaler !

MADAME DALINCOURT, *idem.*

Croire qu'elle m'efface !

M. DALINCOURT, *idem.*

Un homme sans mérite !

MADAME DALINCOURT, *idem.*

Une femme sans grâce !

ACTE I, SCÈNE XI.

M. DALINCOURT, *idem.*

Que je ne voudrais pas prendre pour mon caissier!

MADAME DALINCOURT, *idem.*

Qui porte les chapeaux qu'on avait l'an dernier!

M. DALINCOURT, *idem.*

Et tout lui réussit! c'est inimaginable.

MADAME DALINCOURT, *idem.*

Et l'on a la fureur de la trouver aimable!

M. CHALET.

Tant mieux, ils se perdront en cherchant à lutter.

M. DALINCOURT.

Vous croyez?

M. CHALET.

J'en suis sûr; eux, vous le disputer!
Qu'ont-ils pour afficher un luxe égal au vôtre?
Trois pauvres millions courant l'un après l'autre.

(Mystérieusement.)

On dit déjà qu'ils sont ruinés à demi.

M. DALINCOURT.

Vraiment? vous me charmez.

MADAME DALINCOURT, à son mari.

Quel bonheur, mon ami!

M. DALINCOURT.

Ces gens ont un éclat, un ton qui m'importune.
Ils ne possèdent pas le quart de ma fortune!
Eh bien! nous les voyons recevoir tout Paris :
Je ne sais pas pourquoi.

MADAME DALINCOURT.

N'en soyez pas surpris,
C'est madame qui plaît; laide et spirituelle,

Elle a tout ce qu'il faut pour attirer chez elle.
Les hommes, que séduit son esprit, son savoir,
Aiment à l'écouter, les femmes à la voir.

M. DALINCOURT, à M. Chalet.

Mon cher, dites-moi donc comment va cette affaire?

M. CHALET.

Quelle affaire?

M. DALINCOURT.

Eh! parbleu, l'emprunt que l'on va faire,
Et que Croizille encor prétend me disputer;
A qui, de lui, de moi, doit-il enfin rester?

M. CHALET.

Je me charge de tout, nous aurons l'entreprise.

M. DALINCOURT.

Quel triomphe!

MADAME DALINCOURT, à son mari.

Monsieur, je veux une remise.

M. CHALET (1).

Le négociateur doit venir ce matin.

MADAME DALINCOURT.

Vraiment, monsieur Chalet est un homme divin.

M. CHALET.

Ah! madame...

M. DALINCOURT.

Un esprit qui n'est pas ordinaire.

M. CHALET.

Ah! monsieur...

---

(1) Mouvement d'humeur de M. Dalincourt, qui s'éloigne. Les acteurs se placent dans l'ordre suivant : M. Dalincourt, M. Chalet, Madame Dalincourt.

ACTE I, SCÈNE XI.

MADAME DALINCOURT.
Vous avez du génie en affaire.
M. CHALET.
Ne m'admirez pas tant. Pour faire son chemin,
Rien n'est tel, suivant moi, que de mourir de faim;
J'ai commencé par là, cela vous aiguillonne....
Et puis, quand on fut gueux, la richesse est si bonne!
Mais lorsqu'elle nous vient d'héritage, on s'endort,
On se livre aux plaisirs, on n'a point de ressort.
Parlez-moi des gens nés au sein de l'indigence!
J'ai perdu plusieurs fois une belle opulence;
J'ai vu mes plus beaux plans déçus, contrariés,
Mais je me suis toujours retrouvé sur mes pieds.
L'industrie est vraiment une admirable chose!
Je suis très-riche; eh! bien, madame, je suppose
Que... demain, m'enlevant capital, revenu,
Sur la place publique on me jette tout nu,
Qu'on m'y laisse mourant et sans ressource aucune;
Avant deux ans, j'aurai reconstruit ma fortune.
M. DALINCOURT, à sa femme.
Oui, dans deux ans! croyez qu'il n'exagère pas;
Je l'ai vu se tirer d'un aussi mauvais pas.
MADAME DALINCOURT.
Mais effectivement, j'ai peine à vous comprendre.
Comment faites-vous donc pour ne rien entreprendre
Qui ne soit tôt ou tard couronné de succès?
M. CHALET.
Je possède un moyen qui ne trompe jamais;
Quel que soit votre état, votre but, il n'importe.

MADAME DALINCOURT.

Quel est-il, ce moyen?

M. CHALET.

Une volonté forte.
Je me rappelle un mot sublime ; il est, dit-on,
D'un savant étranger, qui se nomme.... Newton.
Aussi, j'ai pour cet homme une estime infinie!
On demandait un jour à ce profond génie
Comment de la nature il découvrit le cours,
Et Newton répondit : en y songeant toujours.
Je suis comme Newton, moi, ma pensée est une,
Elle me suit partout; je cherche la fortune.

M. DALINCOURT.

Avec de tels moyens, je conçois qu'en effet
On parvienne à son but ; aussi, l'avez-vous fait.

M. CHALET.

Au surplus, vous savez que j'ai gagné ma cause?

MADAME DALINCOURT.

Quelle cause, monsieur?

M. CHALET.

C'est chez moi qu'on dépose
Cette souscription pour les incendiés.

MADAME DALINCOURT.

Vos services, monsieur, vous seront-ils payés?

M. CHALET.

Non.

MADAME DALINCOURT.

Pourquoi donc alors désirer cette affaire?

M. DALINCOURT.

Quelle réflexion! y pensez-vous, ma chère?

ACTE I, SCÈNE XI.

On va citer son nom, et cela porte fruit;
La réputation se compose de bruit.

M. CHALET, avec emphase.

D'ailleurs, vous le savez, moi, je tiens à l'estime;
Si, pour faire le bien, l'on m'offrait une prime,
Je la refuserais, je vous en avertis.

MADAME DALINCOURT.

Vous?

M. DALINCOURT, à sa femme.

On gagne bien plus à le faire gratis.

M. CHALET.

Puis, l'argent n'est-il pas comme la calomnie?
Il en reste toujours quelque chose.

M. DALINCOURT.

Herminie,
Ah! voilà de ces mots qu'on aime à retenir.

MADAME DALINCOURT.

Oui, le trait est profond; je veux m'en souvenir.

FRANÇOIS, annonçant.

La voiture, madame.

M. CHALET, à madame Dalincourt.

Eh quoi! partir si vite?

MADAME DALINCOURT.

Mille pardons, messieurs, il faut que je vous quitte.
Dame de charité, je songe aux malheureux;
Ce matin, je vais faire une quête pour eux.

M. DALINCOURT.

En carrosse, madame! et par quelle aventure?

MADAME DALINCOURT.

Précisément, monsieur, je n'y vais qu'en voiture.

Autrefois, je quêtais seule, sans suite. Eh! bien,
Mes pauvres y perdaient, ils n'avaient presque rien.
Du cœur humain telle est aujourd'hui la nature,
A pied, j'avais cent sous, j'ai vingt francs en voiture.
L'aspect de l'opulence est toujours engageant,
C'est l'argent qui décide à donner de l'argent ;
Aussi, monsieur, afin d'obtenir davantage,
Je demande toujours l'aumône en équipage.

(Elle sort.)

SCÈNE XII.

M. DALINCOURT, M. CHALET.

M. CHALET.

Et madame a raison, le monde est fait ainsi ;
Mais, mon cher, j'ai besoin de vous quitter aussi,
Et je vais....

M. DALINCOURT.

Restez donc, Chalet, rien ne vous presse.

M. CHALET.

Au contraire, un objet m'occupe et m'intéresse ;
C'est l'emprunt : je veux voir le comte de Neubourg,
Et terminer l'affaire avant la fin du jour.

M. DALINCOURT, le retenant.

De grâce, un mot encor... Cette place vacante...
J'ai peu d'ambition, mais chacun me tourmente.
M'accusant de tiédeur, mes amis, mes parens
Me disent tous les jours : Mets-toi donc sur les rangs.

ACTE I, SCÈNE XII.

M. CHALET.

Je vous offre, monsieur, toutes mes connaissances ;
Auprès des électeurs, vous aurez bien des chances ;
On sait que vous avez un excellent esprit,
Pour qu'on en soit plus sûr, publiez un écrit.

M. DALINCOURT.

Mais pour le publier, il faut d'abord le faire.

M. CHALET.

J'arrangerai cela, monsieur, j'ai votre affaire.

M. DALINCOURT.

Comment l'entendez-vous ?

M. CHALET.

Oui, je puis vous offrir
Une espèce d'auteur qu'on m'a fait découvrir.

M. DALINCOURT.

Une espèce d'auteur !

M. CHALET.

Auteur de tragédies.

M. DALINCOURT.

Un poète ?

M. CHALET, avec mépris.

Non pas.

M. DALINCOURT.

S'il fait des poésies,
Il faut qu'il soit poète.

M. CHALET.

Eh ! non, encore un coup ;
C'est un industriel, je l'estime beaucoup.

M. DALINCOURT.

Mais quel galimatias venez-vous donc me faire?

M. CHALET.

Cet homme-là n'est pas un esprit ordinaire ;
Il est à la hauteur du siècle où nous vivons,
Et nous pourrions de lui recevoir des leçons.
Quittant les vieux sentiers, et tout plein d'un beau zèle,
Il vient de se frayer une route nouvelle.
D'un art frivole il fait un utile métier,
Et de littérature il tient un atelier.
Sous sa direction, des écrivains manœuvres,
Pour quatre francs par jour, lui fabriquent ses œuvres.
De Smith et de Turgot il a lu les écrits ;
Du travail divisé connaissant tout le prix,
Il taille de l'ouvrage à ces esprits sublimes.
L'un met un acte en prose, un autre y coud des rimes ;
Plus loin, sont attelés des couples différens
Pour tracer, sillonner les quatre actes suivans.
Par d'autres la préface et les notes sont faites ;
D'autres tiennent tout prêt l'article des gazettes ;
Enfin, l'entrepreneur, monsieur de Tournefort,
Ajuste, unit entr'eux ces morceaux de rapport :
Quand la pièce est à fin, il la revoit, l'augmente,
Puis il y met sa marque, et l'ouvrage est en vente...
Je vais vous envoyer cet homme précieux,
Il vous dirigera.

M. DALINCOURT.

Ce sera curieux !

Si je puis devenir un écrivain habile,
Cela me surprendra.

M. CHALET.

Bah! rien n'est plus facile.

FIN DU PREMIER ACTE.

ACTE SECOND.

SCÈNE PREMIÈRE.

M. DALINCOURT, seul.

Décidément, je veux adopter le projet
Que dans ce moment-ci me propose Chalet.
Mon entrée en la Chambre en sera plus facile;
Oui, cela me convient.

SCÈNE II.

M. DALINCOURT, FRANÇOIS.

FRANÇOIS, annonçant.
  Monsieur de Belleville.
M. DALINCOURT.
Qui, le père de Jule?
  FRANÇOIS.
  Oui, monsieur, justement.

ACTE II, SCÈNE III.

M. DALINCOURT.

Qu'il entre... Je ne puis rester seul un moment !

(François sort.)

SCÈNE III.

M. DALINCOURT, M. DE BELLEVILLE, JULES.

M. DE BELLEVILLE, après plusieurs saluts réciproques.

Je viens vous faire part d'un projet qui, sans doute,
Ne vous déplaira pas.

M. DALINCOURT.

Parlez, je vous écoute.
Il s'agit sûrement de spéculation ?

M. DE BELLEVILLE.

Non. Je vais aborder, monsieur, la question.
Vous savez qui je suis, et quelle est ma naissance ;
Mes aïeux sont connus dans ma province, en France !
Mais mes yeux du passé ne sont point éblouis ;
Je suis sans préjugés, j'aime beaucoup mon fils,
Et je viens aujourd'hui, bon père de famille,
Vous demander pour lui la main de votre fille.

M. DALINCOURT, vivement.

Ah ! monsieur est rentré dans tous ses biens ?

M. DE BELLEVILLE.

Hélas !
Non, vraiment.

M. DALINCOURT.

Mais alors je ne vous comprends pas.

M. DE BELLEVILLE.

Je vous comprends bien moins! Seriez-vous insensible
(M. Dalincourt s'incline.)
A l'offre qu'aujourd'hui... C'est incompréhensible!
Je voulais envers vous me montrer généreux,
Et je croyais aller au-delà de vos vœux.
Je suis, je vous l'ai dit, d'une maison antique;
Dans le Maine, en Anjou, mon nom est historique.

M. DALINCOURT.

Monsieur, j'estime fort les grands noms de Couci,
De Larochefoucault et de Montmorenci;
Et si ces maisons-là me faisaient quelque avance,
J'accepterais peut-être une telle alliance.
Mais votre fils a-t-il une illustration,
Qui puisse compenser la disproportion?...
Puis, j'ai mes titres, moi.

M. DE BELLEVILLE, avec dédain.

Quels sont-ils?

M. DALINCOURT.

Rien n'y manque:
Je suis duc à la Bourse et baron à la Banque.
Cette noblesse-là n'est pas sur parchemin,
Mais quand on la possède, on a fait son chemin.

M. DE BELLEVILLE.

Ah! monsieur, cette idée est bien matérielle:
Devrait-elle sortir d'une âme noble et belle?

M. DALINCOURT.

Comment?

M. DE BELLEVILLE.

Ces sentimens seraient peu délicats;
Je méprise l'argent.

M. DALINCOURT.
Et moi, j'en fais grand cas.
M. DE BELLEVILLE.
Mais si votre Jenni venait vous dire : J'aime
Un jeune homme sans biens que vous aimez vous-même ;
Vous l'estimez beaucoup, chaque jour vous vantez
Son esprit, ses talens, ses bonnes qualités ;
Accordez-lui ma main, c'est lui que je préfère.
Que répondriez-vous ?
M. DALINCOURT.
Je répondrais : ma chère,
Dans la position où je suis aujourd'hui,
Tu trouveras des gens aimables comme lui,
Et qui pourront encore y joindre l'avantage
D'avoir ou d'espérer un très bel héritage ;
C'est parmi ces gens-là qu'il faut prendre un époux.
M. DE BELLEVILLE, d'un ton sentimental.
Mais l'union des cœurs n'est-elle rien pour vous ?
Aimez-vous, dites-moi, votre fille ?
M. DALINCOURT.
Oui, je l'aime,
Et mon refus provient de ma tendresse même.
Je désire la mettre à même d'obtenir
La somme de bonheur où l'on peut parvenir.
Vous ne l'ignorez pas, il est une puissance
Dont rien, dans l'univers, n'égale l'influence :
L'argent ! plus absolu que tous les potentats ;
Il gouverne les grands et les petits états.
Mais c'est peu de régner sur une classe fière,
L'argent dirige aussi la modeste chaumière ;

Gouvernans, gouvernés, jeunes gens et vieillards,
Tous vers le même objet tendent de toutes parts.
Pour l'atteindre plus vite on se pousse, on se presse,
Et les peuples, qu'entraîne une commune ivresse,
Laissant là désormais de stériles vertus,
Marchent, au pas de course, au temple de Plutus.
Bien des gens, il est vrai, cachent avec adresse
Vers quel point leurs efforts se dirigent sans cesse :
Des hommes de tout âge, ainsi que de tous rangs,
Suivent, pour arriver, des chemins différens ;
Les moins francs, les plus fiers prennent celui des places,
De la célébrité, des rubans et des grâces.
Mais ce sont des détours, c'est marcher en longeant ;
Moi, je vais droit au but, et je dis : c'est l'argent.
Ce mérite est le seul, je n'en connais point d'autre ;
La vertu d'un pays est vice dans le nôtre ;
Bien souvent la science est d'un faible secours :
Il est telle contrée où l'esprit n'a pas cours.
L'argent seul ici-bas réunit les suffrages ;
Partout où les humains ne sont pas des sauvages,
En Amérique, en Chine, aussi bien que chez nous,
Il plaît à tout le monde, il est de tous les goûts.
Jeune ou vieux, blanc ou noir, rouge, cuivré, mulâtre,
Guèbre, mahométan, chrétien, juif, idolâtre,
Bien que sur tout le reste ils ne s'entendent point,
Bien qu'ils soient ennemis, s'accordent sur ce point.
Qu'importe le climat, la couleur, l'idiome ?
Tout est là : pour l'aimer il suffit qu'on soit homme.
L'être le plus grossier, le moins intelligent,
Peut ne pas croire en Dieu, mais il croit à l'argent.

(1) » L'argent du vrai croyant rapproche l'infidèle,
» C'est le lien commun, la langue universelle!...
» Pour moi, quand, promenant un œil observateur,
» J'estime chaque objet à sa juste valeur,
» Quand je vois l'univers, quand je le décompose,
» Je ne vois que l'argent qui vaille quelque chose.

M. DE BELLEVILLE.

» Je ne puis pas entrer dans votre opinion ;
» Il existe, à coup sûr, plus d'une exception.
Je sais qu'il est beaucoup d'âmes intéressées,
Que l'argent est au fond de toutes les pensées ;
Mais, j'ose l'assurer, il est de nobles cœurs,
Des cœurs pleins des vertus de nos antiques mœurs ;
Que n'ai-je, en ce moment, votre fortune immense !
Quand bien même le sort, j'en donne l'assurance,
Aurait été pour vous avare, rigoureux,
J'unirais ces enfans, et serais trop heureux.

M. DALINCOURT.

Cessons, monsieur, cessons d'en parler davantage.
J'ai formé le projet d'un autre mariage,
Je crois avoir trouvé le gendre qu'il me faut ;
J'en suis désespéré, c'est là mon dernier mot.....
Une affaire m'appelle ; excusez-moi, de grâce.

(A part, en sortant.)

Les effets qu'il m'offrait n'ont plus cours sur la place.

---

(1) Les vers guillemetés ne se disent point à la représentation.

SCÈNE IV.

M. DE BELLEVILLE, JULES.

M. DE BELLEVILLE.

A quoi m'exposez-vous? Ah! je serais confus
Si je réussissais...., et j'éprouve un refus.
(Il sort.)

SCÈNE V.

JULES.

Que je suis malheureux! être séparé d'elle!
C'en est fait pour toujours.

SCÈNE VI.

JENNI, JULES.

JENNI, entr'ouvrant la porte du fond.
Eh bien! quelle nouvelle?

JULES.

Je vous l'avais promis : oui, mon père est venu;
Il a prié, pressé, mais n'a rien obtenu.
On repousse ses vœux, on se montre insensible!
Vous jugez que pour lui ce refus est pénible;
Il est humilié!

JENNI.
Je le sens comme vous,
Et mon cœur est touché de ses bontés pour nous.
Oui, dites-le-lui bien, je l'aime, le révère.
JULES.
Et vous avez raison. Ah! ce n'est pas mon père
Qu'on verrait, repoussant les plus sages avis,
Préférer un peu d'or au bonheur de son fils!
JENNI.
Je vous dois un conseil que je crois salutaire.
J'étais dans le salon pensive et solitaire,
Quand mon père est entré le visage en courroux.
Avec ma belle-mère il a parlé de vous,
Du refus de ma main. Loin d'apaiser l'orage,
Sa femme l'animait, l'échauffait davantage;
En rapprochant les faits, ils ont compris enfin
Pour qui sont les couplets égarés ce matin;
Vos vers ont blessé l'un, votre amour blesse l'autre,
Et...
JULES.
Je prévois mon sort.
JENNI, vivement.
Dites plutôt le nôtre.
On vous... remplacera; c'est un point résolu.
JULES, tristement.
Je vous l'avais prédit, mais vous l'avez voulu.
JENNI.
Vous perdez votre emploi; quel reproche à me faire!
JULES.
Mon emploi! que m'importe?

JENNI.

Il vous est nécessaire.

JULES.

Un tout autre motif cause mon désespoir;
Je vais être privé du bonheur de vous voir.

SCÈNE VII.

JENNI, JULES, HYACINTHE.

HYACINTHE, à part.

Rompons le tête à tête, on pourrait les surprendre.
(Haut.)
Monsieur n'est pas ici?

(Étonnement des deux jeunes gens.)

JULES.

....Non.

HYACINTHE.

Je croyais l'entendre.

JENNI.

Il est dans les bureaux, je pense.

HYACINTHE, à part.

Il peut venir,
Nous sommes trois.

JENNI.

D'ailleurs, on l'a dû prévenir
Qu'un auteur l'attendait dans la pièce voisine.

JULES.

Un auteur! Que fait-il ici, bonté divine?

ACTE II, SCÈNE VII.

JENNI.

C'est un poète illustre, et qu'on estime fort;
Il se nomme, je crois, monsieur de Tournefort.

JULES.

Lui, Tournefort, poète!

JENNI.

Eh! sans doute, lui-même.

JULES.

Lui, poète, grand Dieu! quel horrible blasphème!
A ses yeux (je le vis dès son premier début,)
La gloire est un moyen, elle n'est pas un but;
Lui, poète!... Génie étroit et mercenaire,
Il compose un écrit comme on traite une affaire.

HYACINTHE.

Chut! chut! j'entends du bruit, on s'avance.

JENNI.

Grand Dieu!

JULES.

C'est votre père.

JENNI.

O ciel! séparons-nous.

JULES.

Adieu.

Gardez un souvenir à l'infortuné Jule.

(Ils sortent par des issues différentes; Hyacinthe suit Jenni.)

SCÈNE VIII.

M. DE TOURNEFORT, seul.

Faire antichambre une heure, est-ce assez ridicule?
Un duc et pair a moins de morgue, en vérité.
Ces parvenus sont fiers avec rusticité;
Du moins, l'homme qui tient à la haute noblesse,
Quand il est insolent, l'est avec politesse!

SCÈNE IX.

M. DALINCOURT, M. DE TOURNEFORT.

M. DALINCOURT.

Je vous ai fait attendre?

M. DE TOURNEFORT, avec humeur.

Un peu.

M. DALINCOURT.

Mille pardons.

(Avec importance.)

Il s'agissait pour moi de quelques millions,
Et...

M. DE TOURNEFORT, s'inclinant profondément.

Monsieur...

M. DALINCOURT.

Vous étiez impatient peut-être?

ACTE II, SCÈNE IX.

M. DE TOURNEFORT.

Au contraire.

M. DALINCOURT.

Je suis charmé de vous connaître.

(Prenant un fauteuil pour lui.)

Mais asseyez-vous donc, point de gêne entre nous.
Monsieur Chalet m'a dit le plus grand bien de vous.

M. TOURNEFORT, s'asseyant.

Chalet?

M. DALINCOURT.

Excellent juge! Il est d'un goût solide.

(S'étendant dans son fauteuil.)

Dites-moi, vous avez un métier bien aride?
La plupart des auteurs sont gueux.

M. TOURNEFORT.

Oh! pas du tout.
Jadis, c'était ainsi; mais le siècle a du goût.
Lorsque l'on réussit dans la littérature,
On peut avoir salon, cabriolet, voiture!

M. DALINCOURT, saluant.

Je vous fais compliment d'avoir su parvenir...

M. TOURNEFORT.

Moi, je n'en suis pas là, mais cela peut venir.

(M. Dalincourt se redresse.)

Ma situation est brillante, et j'espère,
Avant deux ans, fournir une belle carrière.
Je suis connu déjà, j'ai l'esprit fin, subtil,
Je touche à l'Institut.

M. DALINCOURT.

Combien cela vaut-il?

M. TOURNEFORT.

Quinze cents francs.

M. DALINCOURT.

C'est peu.

M. TOURNEFORT.

Sans doute, mais qu'importe?
L'Institut, voyez-vous, ouvre plus d'une porte;
Au collége de France on devient professeur,
Chef de division, journaliste, censeur.

M. DALINCOURT.

Ah! l'on peut s'enrichir aussi, quand on compose!...
Je vois que le talent est bon à quelque chose.
Mais il est temps, monsieur, de vous faire savoir
Le motif pour lequel j'ai désiré vous voir.
Il vaque en ce moment une place à la Chambre:
Tout le monde me dit qu'il faut que j'en sois membre;
Je me mets sur les rangs.

M. TOURNEFORT.

Je vous approuve fort,
C'est un poste honorable.

M. DALINCOURT.

Oui, j'en tombe d'accord.
Pourtant, ce n'est pas là le motif qui me guide;
L'honneur est un peu creux; moi, je vise au solide.

M. TOURNEFORT.

Je ne devine pas pour quelle autre raison...

M. DALINCOURT.

Pardonnez-moi. Par là, j'agrandis ma maison,
J'ai des rapports nouveaux, de hautes connaissances,
Et je puis faire ainsi des affaires immenses.

Je suis à peu près sûr d'être élu ; mais je tiens
A ne le devoir pas seulement à mes biens.
Je veux me faire un nom... quelque peu littéraire,
Publier un écrit.

M. TOURNEFORT, mystérieusement.

Je puis vous satisfaire.
J'ai dans mon portefeuille un ouvrage charmant,
C'est une tragédie ; achetez-la... Vraiment,
Elle pourra vous faire honneur.

M. DALINCOURT.

C'est bien frivole !

(Déclamant.)

Nous autres riverains du fleuve du Pactole,
Il nous est interdit, vous sentez bien cela,
De faire ou d'avouer ces futilités-là.

M. TOURNEFORT.

Alors, que vous faut-il ? parlez.

M. DALINCOURT.

Une brochure
Sur le crédit public.

M. TOURNEFORT, vivement.

Ah ! je suis en mesure.

M. DALINCOURT.

Dans quel sens est l'écrit ?

M. TOURNEFORT.

De l'opposition.

M. DALINCOURT.

Cela ne convient pas à ma position ;
Je voudrais que le mien fût dans un sens contraire.

M. TOUNEFORT, désappointé.

Monsieur, j'en suis fâché, je n'ai pas votre affaire;
Mais je puis en faire un, car, je n'y tiens pas, moi.
Pourtant, j'aimerais mieux, je suis de bonne foi,
Rédiger un écrit contre le ministère.

M. DALINCOURT.

Et pour quelle raison?

M. TOURNEFORT.

C'est plus facile à faire.

M. DALINCOURT.

Mais quand pourrai-je avoir cet ouvrage?

M. TOURNEFORT.

Je crois
Pouvoir vous le livrer... avant la fin du mois.

M. DALINCOURT.

Nous n'avons plus qu'un seul arrangement à prendre:
C'est le prix, sur ce point tâchons de nous entendre.

M. TOURNEFORT.

Nos débats, j'en suis sûr, ne seront pas bien grands.

M. DALINCOURT.

Combien en voulez-vous? voyons.

M. TOURNEFORT.

Dix mille francs.

M. DALINCOURT.

Dix mille francs! c'est cher, très cher, et je confesse...

M. TOURNEFORT.

Comment, cher? c'est pour rien; songez à ma promesse,
Je m'engage à vous faire un ouvrage excellent,
Et vous ne voulez pas marchander le talent.

ACTE II, SCÈNE IX.

M. DALINCOURT.

Prix convenu, cessons d'en parler davantage.
(Ils se lèvent.)
Une réflexion cependant; cet ouvrage
Dans le département ne peut me faire honneur,
Si je ne passe pas pour en être l'auteur.

M. TOURNENORT.

Mais votre nom, monsieur, doit figurer en tête;
N'est-ce pas entendu?

M. DALINCOURT.

Votre idée est parfaite.
Permettez néanmoins une observation,
Qui me garantira votre discrétion?
Je veux mes sûretés.

M. TOURNEFORT, avec dignité.

Pour garant je propose
Ma parole d'honneur.

M. DALINCOURT.

C'est déjà quelque chose.....
Mais ce n'est point assez.

M. TOURNEFORT, piqué.

Monsieur...

M. DALINCOURT.

Je suis bien loin
De vouloir vous blesser; mais enfin j'ai besoin
De quelque caution un peu matérielle.

M. TOURNEFORT.

Et cette caution, dites-moi, quelle est-elle?

M. DALINCOURT.

J'imagine un marché dont vous serez content :

Je vous donne d'abord cinq mille francs comptant...

M. TOURNEFORT, avec humeur.

Cinq mille francs!...

M. DALINCOURT.

Et puis, en rente viagère,
Vous aurez tous les ans cinq cents francs pour vous taire.
Cela vous convient-il?

M. TOURNEFORT.

.....Oui.

M. DALINCOURT.

Mais, songez-y bien,
Le secret divulgué, je ne vous dois plus rien...
Ah!... vous pourriez encor me rendre un bon office.

M. TOURNEFORT.

Ordonnez, il suffit seulement que je puisse...

M. DALINCOURT, prenant une gazette sur la table.

Auriez-vous par hasard accès dans ce journal?

M. TOURNEFORT.

Avec le rédacteur je ne suis pas trop mal.

M. DALINCOURT, s'approchant de son oreille.

Pouvez-vous faire dire, à l'article *Angleterre*,
Qu'il court, dans la cité, des nouvelles de guerre?

M. TOURNEFORT.

Ces bruits sont-ils réels?

M. DALINCOURT.

Qu'importe?.... donnez-les,
Et vous pourrez toujours les démentir après;
Cela vous fournira deux nouvelles pour une.
Avez-vous des raisons à m'opposer?

ACTE II, SCÈNE IX.

M. TOURNEFORT.

       Aucune.
Un bruit faux plus ou moins, je n'y tiens nullement.

M. DALINCOURT.

Par là, vous m'obligez essentiellement.

M. TOURNEFORT.

J'arrangerai cela, comptez sur ma promesse.

M. DALINCOURT.

N'y manquez pas au moins, j'ai besoin de la baisse.
(Retenant M. Tournefort, qui s'éloignait.)
A propos! je vous dois, monsieur, quelque retour,
Et je prétends vous rendre un service à mon tour.
Vous avez, m'a-t-on dit, l'intention de faire
Un immense recueil?

M. TOURNEFORT, avec emphase.

      Critique et littéraire.
Papier vélin, portrait, vignette, et cætera;
Vous verrez, vous verrez comme cela rendra!

M. DALINCOURT.

Bien! fort bien! j'aime à voir prospérer l'industrie.
Si l'argent vous manquait, parlez-moi, je vous prie.
J'ai toujours protégé les beaux arts, le talent,
Et je vous prêterai des fonds..... à six pour cent.

M. TOURNEFORT, saluant.

Ah! monsieur, soyez sûr que ma reconnaissance...
(A part.)
Voilà certe une bonne et belle connaissance!
          (Il sort.)

SCÈNE X.

M. DALINCOURT, seul.

Cet écrivain pourra m'être d'un grand secours.....
Oui, flattons-le, c'est lui qui fera mes discours;
Je ne suis pas fâché d'avoir de l'éloquence!.....
On parlera de moi, cela fait bien en France.

SCÈNE XI.

M. DALINCOURT, M. CHALET.

M. CHALET, essoufflé.

Je vous cherche partout! le bruit court que Doulan
Va, l'un de ces matins, déposer son bilan.
Vous ne l'ignoriez pas, peut-être?

M. DALINCOURT.

Eh! non, sans doute,
Je perds cent mille écus dans cette banqueroute.

M. CHALET.

Détrompez-vous, mon cher, car vous ne perdrez rien.
Je me charge de tout, j'ai vu Doulan.

M. DALINCOURT.

Eh bien!

M. CHALET.

J'ai montré, dans ceci, mon adresse ordinaire.
Je sais tous vos projets, lui dis-je avec mystère;

ACTE II, SCÈNE XI.

Pour les faire échouer, je m'attache à vos pas,
Je vous suis comme une ombre et ne vous quitte pas.
A ces mots, vous jugez que sa surprise est grande.
Il veut se disculper; j'insiste, je demande
Vos trois cent mille francs. Il refuse d'abord,
Et moi, de redoubler de menace et d'effort.
Effrayé, je connais, me dit-il, un brave homme,
Un rentier du marais qui possède la somme.
Ce bon bourgeois la veut faire fructifier;
Je cours lui proposer de me la confier.
Il me quitte aussitôt, et je l'attends peut-être
Un quart-d'heure, après quoi je le vois reparaître;
Il avait décidé son rentier du marais,
Et votre affaire est faite à peu de chose près.
Ces fonds seront pour vous.

M. DALINCOURT.

Mais c'est épouvantable;
D'une telle action m'avez-vous cru capable?

M. CHALET.

Ce scrupule m'étonne; il est sans fondement.

M. DALINCOURT.

Tenez, mon cher ami, souffrez qu'en ce moment
Je vous donne, et cela parce que je vous aime,
Un conseil que parfois je me donne à moi-même.
Quand on veut, comme nous, amasser de l'argent,
Sur le choix des moyens on est trop indulgent.
Tout projet, repoussé par la délicatesse,
Quand il rapporte peu, nous répugne, nous blesse;
Mais ceux dont on espère avoir des millions,
On est toujours tenté de les trouver fort bons,

On sait les colorer, on se les justifie!...
De soi-même souvent il faut qu'on se défie.
(D'un ton de conviction.)
Moi, qui vous parle, moi, j'éprouve ce besoin;
Le désir de gagner me mènerait trop loin.
Je lutte; mais je sens que je résiste à peine,
Que cette soif de l'or me domine et m'entraîne;
Mon cher, la pente est douce et l'abîme profond,
L'honnête homme cupide est bientôt un fripon.
M. CHALET, s'impatientant.
Abordons un sujet qui me plaît davantage;
Parlons de votre fille et de mon mariage.
M. DALINCOURT, sèchement.
Vous semblez y compter, mais je n'ai rien promis.
M. CHALET.
J'ai cru que cet espoir pouvait m'être permis.
M. DALINCOURT.
J'ai d'autres plans.
M. CHALET.
(A part.)   (Haut.)
Quel ton! peste! Si bon vous semble,
Nous pourrions, cependant, faire une affaire ensemble.
M. DALINCOURT.
Une affaire! parlez.
M. CHALET, à part.
Je le tiens! c'est heureux.
(Haut.)
Elle sera, je crois, fort belle pour tous deux.
M. DALINCOURT.
Enfin, expliquez-vous.

ACTE II, SCÈNE XI.

M. CHALET.

J'ai vu l'agent du prince,
Qui, soit dit en passant, est un homme assez mince;
Et j'ai su le gagner.

M. DALINCOURT.

Vraiment?

M. CHALET.

Il m'a promis
De n'accorder l'emprunt qu'à l'un de mes amis.
Je n'ai pas cru devoir m'expliquer davantage.
(Finement.)
Vous devinez le nom dont il s'agit, je gage.

M. DALINCOURT.

Combien je suis touché de votre affection!...

CHALET.

(A part.)   (Haut.)
Il s'adoucit. J'y mets une condition :
Je vous donne l'emprunt convoité par Croizille,
Mais par contre, monsieur, donnez-moi votre fille.

M. DALINCOURT.

En attendant, Chalet, que je comble vos vœux,
Et que tous vos rivaux soient à vos pieds, je veux
Vous en immoler un.
(Il sonne.)

M. CHALET.

Et qui donc?

M. DALINCOURT, à un domestique qui paraît.

Monsieur Jule.
(Le domestique sort.)

Celui-là, j'en conviens, est un peu ridicule.

M. CHALET.

Quoi! ce petit commis se permet d'espérer?...

M. DALINCOURT.

A la main de ma fille il osait aspirer.

SCÈNE XII.

JULES, M. DALINCOURT, M. CHALET.

M. DALINCOURT, à Jules.

J'ai désiré vous voir, afin de vous apprendre
Une décision que je crois devoir prendre.
Vous possédez, mon cher, plus d'une qualité;
J'estime infiniment votre assiduité,
Vos mœurs, votre douceur et votre intelligence;
Depuis près de deux ans, malgré mon exigeance,
Sur tous les points, monsieur, vous m'avez satisfait;
Votre travail est bon, votre zèle parfait;
Dans tous vos procédés, je sais que l'honneur brille!...
Mais vous faites des vers, et vous aimez ma fille;
D'après cela, mon rôle avec vous est tracé :
A la fin de ce mois vous serez remplacé.

JULES, avec dignité.

Un semblable discours a lieu de me surprendre,
Monsieur, et je n'ai pas mérité de l'entendre.
Ma conscience est pure.... Au surplus, croyez-bien
Qu'en me justifiant je ne réclame rien.
Un tel dessein, monsieur, est loin de ma pensée;
Je sens que ma présence est ici déplacée,

J'ai moi-même avant vous prononcé mon arrêt;
Je n'en appelle point, vous serez satisfait.

(Il sort.)

SCÈNE XIII.

M. DALINCOURT, M. CHALET.

M. DALINCOURT.
Peste, quelle fierté, Chalet!

M. CHALET.
C'est l'ordinaire,
Quand ces gens-là n'ont rien, ils ont du caractère.
Allons-nous à la Bourse?

M. DALINCOURT.
Un moment, s'il vous plaît.
Il faut que je gourmande un coquin de valet!...

(Il sonne.)

François!...

SCÈNE XIV.

HYACINTHE, M. DALINCOURT, M. CHALET.

HYACINTHE, dans le fond du théâtre.
Il est sorti.

M. DALINCOURT.
La raison, je vous prie?

HYACINTHE.
François est allé voir tirer la loterie.

M. DALINCOURT.

Encore! le maraud!

HYACINTHE.

Non, il rentre, je crois,
Et je cours l'avertir, monsieur; j'entends sa voix.

(Elle sort.)

SCÈNE XV.

FRANÇOIS, M. DALINCOURT, M. CHALET.

FRANÇOIS, à part, sans apercevoir les autres personnages.

Quoi! pas de terne encor! c'est étonnant. N'importe,
Je tiens bon; à la fin, il faudra bien qu'il sorte.

M. DALINCOURT.

(A M. Chalet.) (Haut.)

J'aperçois mon fripon. Et ma montre, François?

FRANÇOIS, étonné.

Elle est chez l'horloger.

M. DALINCOURT.

Comment, depuis un mois!
Parbleu, c'est faire voir une impudence étrange!
Malheureux, je sais tout, j'ai vu Breguet.

FRANÇOIS, à part.

Qu'entends-je?
Je suis perdu, montrons un peu de bonne foi.

(Haut.)

Avant de vous fâcher, de grâce, écoutez-moi,
Car je vais vous parler avec toute franchise:
Si je vous ai trompé, c'est pour faire ma mise.

ACTE II, SCÈNE XV.

M. DALINCOURT.

Quelle mise?

FRANÇOIS.

Oui, monsieur, je tenais à nourrir
Des numéros qui sont sur le point de sortir.
Votre montre.... est en gage.

M. DALINCOURT.

En gage, misérable!
Ainsi, tu me volais?

FRANÇOIS, avec dignité.

Moi? j'en suis incapable.
J'avais besoin, monsieur, d'environ cent écus :
Je vous les empruntais, je les aurais rendus.

M. CHALET, riant.

Il vous les empruntait!

M. DALINCOURT.

Oses-tu bien prétendre?...

FRANÇOIS.

Au tirage prochain, je compte vous les rendre;
Je suis sûr de gagner.

M. DALINCOURT.

Coquin! voilà sept ans
Que tu me trompes.

FRANÇOIS, à part.

Sept!

M. DALINCOURT.

Et si, depuis ce temps,
Je ne t'ai pas chassé, c'est par pitié, par grâce.
La mesure est comblée à la fin, je te chasse.

FRANÇOIS.

Monsieur...

M. DALINCOURT, à Chalet.

Avant ce soir, il sortira d'ici.

(à François.)

A quarante ans, peut-on se comporter ainsi!

FRANÇOIS.

Quarante !

M. DALINCOURT, avec colère.

Malheureux! Eh! que prétends-tu faire?
Tes deux petits enfans vont mourir de misère.
Tu n'as donc point de cœur, point d'entrailles, réponds.

FRANÇOIS, récapitulant sur ses doigts.

Quarante, sept, et deux! c'est mon terne, courons.

(Il sort.)

SCÈNE XVI.

M. DALINCOURT, M. CHALET.

M. CHALET.

Beau fruit de vos discours, n'est-ce pas?

M. DALINCOURT.

Quel délire!
Je suis épouvanté de ce trait.

M. CHALET.

Je l'admire;
Cet homme sait vouloir, il fera son chemin.

M. DALINCOURT, allant prendre son chapeau et ses gants.

Il n'a qu'un vœu, qu'un but, qu'une pensée enfin,

ACTE II, SCÈNE XVI.

Et c'est ce qui l'occupe et le poursuit sans cesse;
Quelle fureur! jusqu'où va l'humaine faiblesse!

M. CHALET.

Ils ont tous des défauts. Pour plus d'une raison,
Moi, je tiens à le voir rester dans la maison.

M. DALINCOURT.

Toujours jouer! Ce drôle est perdu sans ressource!
(Tirant sa montre.)
Comment, il est une heure! allons vîte à la Bourse.

FIN DU SECOND ACTE.

ACTE TROISIÈME.

SCÈNE PREMIÈRE.

M. CHALET, *entrant tout essoufflé, comme un homme qu'on poursuit, et allant regarder à toutes les portes.*

Ouf ! les maudits huissiers ! ils m'ont presque surpris ;
Cinq minutes plutôt, je crois que j'étais pris.
(Il s'approche de la croisée, et la mesure des yeux.)
S'ils entraient, comment fuir ?... Cette fenêtre est basse ;
Tant mieux !.. Voila deux fois qu'ils ont perdu ma trace ;
Mais tôt ou tard on peut ne pas me prévenir,
Alors, quatre bons murs... Le riant avenir !
S'il faut absolument subir un esclavage,
Ma foi, mon choix est fait, je prends le mariage.
On me dit : Payez-les. Certes, je le puis bien ;
Mais aussi, si je paie, il ne me reste rien.
N'avoir rien, cette idée est-elle soutenable ?
Marions-nous plutôt... oui, c'est plus convenable.
La dot sera superbe, et j'en ai grand besoin.
Sans cela, je prévois que je n'irais pas loin :
Le cinq du mois prochain j'ai des paîmens à faire !

Épousons, épousons, c'est une bonne affaire.
Dalincourt balançait, sa femme a dû le voir ;
Je me flatte...

SCÈNE II.

MADAME DALINCOURT, M. CHALET.

M. CHALET.

Madame, ah ! faites-moi savoir
Si je dois conserver ou perdre l'espérance.
Je ne résiste plus à mon impatience.

MADAME DALINCOURT, l'interrompant.

Occupons-nous de nous et de nos intérêts.

M. CHALET.

Les affaires d'abord, le sentiment après,
C'est juste, et j'avais tort ; vous parlez comme un ange.

MADAME DALINCOURT, lui remettant un portefeuille.

Voici dix mille écus pour mon agent de change.
Maudite Bourse ! Enfin me voilà donc dehors :
Désormais je me borne à faire des reports.

M. CHALET, s'impatientant.

» Permettez que mon âme à l'espérance ouverte...

MADAME DALINCOURT.

» A propos, dites-moi, j'ai fait la découverte
» De quelqu'un dont je veux cultiver l'amitié ;
» Dans les secrets d'État il est initié.

M. CHALET.

» Peste ! que dites-vous ?

MADAME DALINCOURT, mystérieusement.

» Il a de l'influence
» Près de l'ambassadeur d'une grande puissance.

M. CHALET.

» Le digne, l'aimable homme! ah! ça, nous le verrons?
» Qu'il dise ce qu'il veut, nous nous arrangerons.
» Mais apprenez-moi donc le nom du personnage...

(Elle lui parle à l'oreille.)

» Fort bien : jusqu'à présent nous avons fait usage
» D'un homme bien connu dont je suis mécontent :
» Il nous a mal servis.

MADAME DALINCOURT.

» Vous lui donniez pourtant
» Des rétributions qui semblent assez belles :
» Vingt mille francs par an pour avoir des nouvelles!

M. CHALET

A part. (Haut.)

Et mes paîmens de cinq!... Madame...

MADAME DALINCOURT.

Encore un mot,
Puis je vous entretiens de Jenni, de sa dot.
Je vous avais prié de placer un brave homme
Qu'on m'a recommandé.

M. CHALET.

C'est Robert qu'il se nomme?

MADAME DALINCOURT.

Précisément. Si j'ai quelque crédit sur vous,
Occupez-vous de lui ; c'est un être si doux !

M. CHALET.

Faut-il que je vous parle ici sans artifice?

MADAME DALINCOURT.

Oui.

M. CHALET.

Je le connais trop pour lui rendre service.

MADAME DALINCOURT.

Quoi! sauriez-vous de lui quelque trait?...

M. CHALET.

Justement.
Il commanda pour moi jadis un bâtiment;
Quand la traite des noirs était encor permise,
Je voulus essayer ce genre... d'entreprise :
C'est lui que j'en chargeai : souvenir trop amer!

(Levant les yeux au ciel.)

Ces pauvres Africains... qui m'ont coûté si cher!
Le perfide, oubliant qu'ils sont ce que nous sommes,
Nos frères, nos égaux, qu'enfin ce sont des hommes,
Les fait à fond de cale entasser sans pitié.

MADAME DALINCOURT.

Est-il possible!

M. CHALET.

L'air est bientôt vicié
Dans ce cachot obscur, infect, épouvantable.
Aussitôt que j'apprends leur retour favorable,
J'accours, je veux les voir... jugez de ma fureur,
Les deux tiers étaient morts.

MADAME DALINCOURT, vivement.

Ah! grand Dieu, quelle horreur!
Quoi! cet homme qu'on dit être des plus intègres...

M. CHALET.

Il m'a fait perdre, hélas! cent mille écus de nègres.

MADAME DALINCOURT.

Je partage, mon cher, votre juste courroux ;
Laissons un malheureux si peu digne de nous.

M. CHALET.

Oui, parlons, je vous prie, affaires de famille :
Quand pourrai-je obtenir votre charmante fille ?

MADAME DALINCOURT.

Écoutez, je m'engage à former ce lien
Dans six mois.

M. CHALET.

Dans six mois !

MADAME DALINCOURT.

Le temps ne vous fait rien,
Vous n'êtes pas pressé.

M. CHALET.

Moi, madame ? au contraire.
(A part.)
Ah ! je brûle d'amour. Et mes paîmens à faire !

MADAME DALINCOURT, riant.

Vous brûlez d'amour, vous ! mais je ne croyais point
Que vous eussiez un cœur inflammable à ce point !

M. CHALET.

Hélas ! il est trop vrai, je ne puis plus attendre.

MADAME DALINCOURT, le contrefaisant.

Eh bien ! j'aurai pitié d'un sentiment si tendre.
Déterminez le jour, monsieur le soupirant.

M. CHALET.

Je voudrais au plus tard... l'épouser fin courant.

MADAME DALINCOURT.

Soit, je prends tout sur moi, monsieur, laissez-moi faire.

ACTE III, SCÈNE II.

Vous pouvez de ce pas aller chez le notaire.
Qu'il dresse le contrat.

M. CHALET.

Mais les conditions?

MADAME DALINCOURT.

Vous les savez.

M. CHALET.

La dot?

MADAME DALINCOURT.

Est de deux millions.
Quant au reste...

M. CHALET.

Oh! le reste est de forme, madame.
(A part.)
Deux millions de dot! ce trait me touche l'âme!
(Haut.)
Au surplus, notre emprunt, madame, va très bien.
Croizille l'emportait, mais j'ai pris un moyen
Qui réussit toujours en affaire pareille.

MADAME DALINCOURT.

Comment cela?

M. CHALET, finement.

J'ai dit quelques mots à l'oreille
Du négociateur... Adieu, que Dalincourt
Sache tous ces détails; vous lui ferez ma cour.

MADAME DALINCOURT.

Eh quoi! vous me quittez?

M. CHALET.

Une affaire m'appelle.
Puis, personne ne sait cette bonne nouvelle;

Et je cours à la Bourse, où je me suis promis
D'aller en affliger quelqu'un de mes amis.

(Il sort.)

SCÈNE III.

MADAME DALINCOURT, seule.

Comme il voit une affaire en grand ! C'est là qu'il brille.
Voilà bien le mari qui convient à ma fille.
Que vois-je ? Dalincourt.

SCÈNE IV.

M. DALINCOURT, MADAME DALINCOURT.

M. DALINCOURT.

Ah ! je suis ruiné,
Je suis perdu !

MADAME DALINCOURT.

Grand Dieu !

M. DALINCOURT.

Je suis assassiné.

MADAME DALINCOURT, allant vers lui.

Monsieur...

M. DALINCOURT.

Quelle disgrâce est égale à la mienne !
Des biens qui m'ont coûté tant de soins, tant de peine,

ACTE III, SCÈNE IV.

Les perdre en un instant!

MADAME DALINCOURT.

Vous me faites trembler.

M. DALINCOURT.

Tous les maux à la fois viennent de m'accabler.
J'avais fait insérer, à l'article *Angleterre*,
Dans deux ou trois journaux, des nouvelles de guerre.
C'était le plus beau plan qu'on pût jamais former;
Combien je suis à plaindre!

MADAME DALINCOURT.

Ah! veuillez m'informer...

M. DALINCOURT.

Je jouais à la hausse en toute confiance,
Comptant bien qu'une baisse inattendue, immense,
Serait pour un moment l'effet de ce bruit faux.

MADAME DALINCOURT.

L'article n'a donc pas paru dans les journaux?

M. DALINCOURT.

Ah! j'éprouve un malheur bien plus épouvantable.

MADAME DALINCOURT.

Et quoi donc?

M. DALINCOURT.

Le bruit faux s'est trouvé véritable!...
J'avais dans cette affaire engagé tous mes fonds,
Et je perds, en un jour, près de six millions.

MADAME DALINCOURT.

Six millions!

M. DALINCOURT.

Hélas! il est trop vrai, ma chère;
Et dans ce moment-ci, j'ai des paîmens à faire.

5

MADAME DALINCOURT.

Six millions!

M. DALINCOURT.

Cela me porte un rude coup,
Vous devez le sentir. Je crains même beaucoup
Que cet événement ne transpire à la Bourse.

MADAME DALINCOURT.

Par bonheur, nous avons encore une ressource :
Il nous resté du moins la maison de Bordeaux.

M. DALINCOURT.

Non, désabusez-vous, j'attendais trois vaisseaux,
Qui, richement chargés, venaient de Colombie.

MADAME DALINCOURT.

O ciel! ils sont perdus?

M. DALINCOURT.

Je le crains, mon amie.

MADAME DALINCOURT.

Perdre ainsi nos vaisseaux, qu'allons-nous devenir?

M. DALINCOURT.

Et mes six millions! quel horrible avenir!
Cependant un espoir à mes yeux encor brille.

MADAME DALINCOURT.

Et quel est-il?

M. DALINCOURT.

Chalet m'a demandé ma fille,
Qu'il l'épouse, et par lui je puis me relever;
Oui, Chalet, Chalet seul peut encor me sauver.
J'aurais dû l'accueillir moins froidement.

MADAME DALINCOURT.

Qu'importe?

ACTE III, SCÈNE IV.

Comptez sur lui, je sais quel zèle le transporte.
Il l'aime, il est rempli de la plus vive ardeur.

M. DALINCOURT, avec feu.

Il l'aime! hâtons-nous de faire son bonheur.

MADAME DALINCOURT.

Je me charge de lui; pour vous, je vous propose
De décider Jenni.

M. DALINCOURT.

Bon! c'est la moindre chose;
Je vais lui faire part de cet arrangement,
Et je suis sûr qu'alors.... la voici justement.

SCÈNE V.

M. DALINCOURT, JENNI, Mme DALINCOURT.

M. DALINCOURT,

(Appelant.)   (A sa femme.)

Ma Jenni! Vous sortez?.... demeurez au contraire.

MADAME DALINCOURT.

Volontiers.

JENNI.

Vous avez à me parler, mon père?

M. DALINCOURT, lui prenant les deux mains.

Il faut que je t'apprenne un projet que mon cœur
Nourrit depuis long-temps, Jenni, pour ton bonheur.
Tu le sais, mon enfant, c'est ma pensée unique.
Je viens de te trouver un parti magnifique;
C'est un homme que j'aime, et que tu ne hais point,
Un homme mûr, solide, accompli de tout point.

JENNI.

Mais, mon père, j'ignore....

M. DALINCOURT.

Il est riche, et d'un âge
A pouvoir l'être un jour quatre fois davantage.
Faut-il mettre le nom au bas de ce portrait?
D'avance tu le sais, ma Jenni, c'est Chalet.
Tu ne me réponds pas.

JENNI.

Mon père....

M. DALINCOURT, tendrement.

Eh bien! ma fille,
Parle, ouvre-moi ton cœur, nous sommes en famille.

JENNI.

Je crains....

M. DALINCOURT.

Explique-toi; ma proposition,
Voyons....

JENNI, timidement.

...Contrarierait mon inclination.

MADAME DALINCOURT.

Votre inclination! quelle raison futile!
Mais, pour se marier, rien n'est plus inutile.
On ne s'attendait pas à cette objection;
Que fait en pareil cas votre inclination?

M. DALINCOURT, d'un ton peiné et avec bonne foi.

Mon Dieu, ne suis-je pas un bien malheureux père!
J'adore mes enfans, c'est là ma vie entière;
Au milieu des soucis qui viennent me ronger,
Je n'ai qu'un seul plaisir, hélas! c'est de songer

ACTE III, SCÈNE V.

Que mes veilles pourront augmenter leur richesse;
Ici, dehors, partout, ils m'occupent sans cesse;
Je cherche, je poursuis leur bien, leur intérêt
Où l'on peut le trouver, où seulement il est;
Eh bien! la passion et l'inexpérience
Renversent mes calculs, trompent ma prévoyance;
Tout tourne contre moi, quand je fais tout pour eux;
Il le faut avouer, je suis bien malheureux!...
Ma fille, ma Jenni, montre-toi raisonnable,
C'est un plan excellent, un parti convenable...

JENNI.

Mon père, vous avez tout pouvoir sur mon cœur;
Ordonnez, j'obéis; mais je fais mon malheur.

(Elle tombe à ses pieds.)

M. DALINCOURT, la relevant et s'éloignant un peu.

Ma fille!...

MADAME DALINCOURT, à part.

Il va céder.

M. DALINCOURT, à part.

Ah! maudit cœur de père!

JENNI.

Au nom du ciel, daignez écouter ma prière!

M. DALINCOURT, essuyant une larme.

Je suis ému... tu vois... mon agitation...

(Jenni se précipite vers lui.)

Mais je sais résister à mon émotion;
Fais comme moi... « J'ai lu dans ton âme, ma chère,
» Et je connais enfin celui qu'elle préfère.
» J'en suis certain, tu crois, n'écoutant que ton cœur,
» Que sans lui tu ne peux rencontrer le bonheur;

(A sa femme.)

» Tu le crois, pauvre enfant! C'est tout simple à son âge.
» Mais écoute-moi bien ; le bonheur en ménage
» Est dans le positif : il ne résulte pas
» De ces beaux sentimens dont tu fais tant de cas ;
» Ils passent comme une ombre, ils sont trompeurs et vides.
» Attache-toi, ma fille, aux qualités solides.
» Tu peux, à cet égard, t'en rapporter à moi ;
» Songe que j'eus seize ans, que j'aimai comme toi.
» Oui, mon enfant, ton cœur est fait comme le nôtre.
» Ce qui te charme en l'un, ce qui te blesse en l'autre,
» Aussitôt que l'amour aura pu s'émousser,
» Cessera de te plaire ou de te repousser.
» Le temps est un grand maître ; un an de mariage
» Change bien notre humeur, nos goûts, notre langage.
» Tous ces petits défauts, ces petites vertus,
» Qui nous épouvantaient, ou nous plaisaient le plus,
» L'habitude bientôt les use, les efface ;
» Au bout d'un mois ou deux, il n'en est plus de trace.
» Mais je m'arrête ici, c'en est assez, je croi ;
» Je ne dois pas garder plus long-temps avec toi
» Le ton sententieux d'un moraliste austère.
» Je ne veux que ton bien, et je te parle en père ;
» Abandonne, Jenni, ce caprice d'un jour,
» Au nom de ton bonheur, laisse là ton amour.

JENNI.

Souffrez...

M. DALINCOURT.

« Écoute encore » un seul mot, je te prie,
Par mes grands capitaux et par mon industrie,

J'ai su me faire un nom à Paris, dans l'État;
Je veux que mes enfans en soutiennent l'éclat,
Qu'ils soient riches aussi.

JENNI.

Mais votre nom, mon père,
Ce n'est pas moi qui dois le porter, c'est mon frère,
C'est le fils de madame. Il est votre héritier;
Donnez-lui, j'y consens, votre bien tout entier.
Vous avez mis en lui votre unique espérance;
Qu'il possède, à lui seul, une fortune immense,
Je lui cède mes droits; mais ne m'imposez pas
Un lien plus affreux cent fois que le trépas.

M. DALINCOURT.

Quelle idée! Allons donc, elle est inacceptable.

MADAME DALINCOURT.

Mais ce qu'elle dit là n'est pas déraisonnable.

M. DALINCOURT.

Comment, vous l'appuyez!

MADAME DALINCOURT.

Oui.

M. DALINCOURT.

Votre intention...

MADAME DALINCOURT.

Est de ne point forcer son inclination.

(Jenni se rapproche de sa belle-mère.)

M. DALINCOURT, avec impatience.

Ma femme, vous savez ma pensée, et peut-être
Vous deviez... Viens ici, Jenni, tu vas connaître
Le malheureux état où ton père est réduit.
De mes travaux un jour m'a fait perdre le fruit;

La baisse, une faillite, une horrible tempête,
Opèrent aujourd'hui ma ruine complète.

JENNI.

Juste ciel!

M. DALINCOURT.

Oui, sans toi, tout est désespéré;
Mais épouse Chalet, et tout est réparé.
(Tendrement.)
Mon sort est dans tes mains, songes-y bien.

JENNI.

Mon père...

M. DALINCOURT.

Avant ce soir, j'aurai ta réponse, j'espère.

JENNI.

Quoi! la fortune a pu vous trahir jusque-là?
Quoi! vous n'avez plus rien?

M. DALINCOURT.

Je ne dis pas cela.
Il nous reste toujours une assez belle aisance.

JENNI.

Ah! vous me rassurez, mon père.

M. DALINCOURT.

Du silence.

MADAME DALINCOURT, allant prendre son mari par la main (1).

Dalincourt, écoutez!... Vous la pressez trop fort.

JENNI, à part.

Le mal n'est pas si grand que je l'ai cru d'abord;
J'en prendrai maintenant mon parti sans scrupule.
Allons vite conter cette nouvelle à Jule. (Elle sort.)

---

(1) Madame Dalincourt, M. Dalincourt, Jenni.

SCÈNE VI.

M. DALINCOURT, MADAME DALINCOURT.

M. DALINCOURT.

Tout mon espoir n'est pas dans Chalet seulement,
Je compte aussi beaucoup sur l'emprunt allemand.
» Je suis sûr, si je l'ai, d'un très beau bénéfice.
» Il va me relever.

MADAME DALINCOURT.

» Pourvu qu'il réussisse !
» Songez-y, maintenant tout nous devient fatal.
» Cet emprunt me fait peur; s'il allait tourner mal,
» Une perte aujourd'hui nous serait bien sensible.

M. DALINCOURT.

» Une perte! Non, non, cela n'est pas possible.

MADAME DALINCOURT.

» Comme un autre pourtant on peut faire un faux pas.

M. DALINCOURT.

» Non, cent mille fois non! Vous ne savez donc pas
» La marche d'un emprunt dans le temps ou nous sommes?
» Nous ne risquons jamais les plus légères sommes.
» Voici comment, ma chère, on rentre dans ses fonds:
» Aussitôt que l'on veut placer ses actions,
» On fait monter l'emprunt avec un zèle extrême
» Par les moyens connus.... on achète soi-même.
» A peine est-il bien cher, que le quartier d'Antin,
» Les bourgeois du Marais, le faubourg Saint-Germain,

»Tout le monde en demande; il s'élève, il fait rage.
»Moi, pendant ce temps-là, je vends selon l'usage;
»Je réalise ainsi vingt pour cent au plus bas;
»Le reste, après cela..., ne me regarde pas.

MADAME DALINCOURT.

Oui, la fortune encor va bientôt nous sourire.
Je cours trouver Chalet, qui m'attend, me désire,
Et, pour faire cesser le trouble ou je vous vois,
Presser le mariage et l'emprunt à la fois.

(Elle sort par la coulisse.)

SCÈNE VII.

M. DALINCOURT, JULES.

JULES, entrant par le fond du théâtre.

Si je suis importun, monsieur, je me retire.

M. DALINCOURT.

Pas du tout. Approchez, qu'avez-vous à me dire, Jules?

JULES.

Que monsieur peut, à partir d'aujourd'hui,
Disposer de l'emploi que j'occupe chez lui.

M. DALINCOURT.

Peste, vous trouvez donc une place bien vîte?

JULES.

Je n'en ai plus besoin.

M. DALINCOURT.

Je vous en félicite.

ACTE III, SCÈNE VII.

JULES.

Mais puis-je maintenant, sans indiscrétion,
Vous demander, monsieur, une explication?
Vous n'avez pas pour moi de haine personnelle?

M. DALINCOURT.

Moi, non. Je vous l'ai dit, j'estime votre zèle,
Vos talens.

JULES

Si demain mon père recouvrait
Une fortune égale à celle qu'il avait,
Auriez-vous pour son fils un peu plus d'indulgence?

M. DALINCOURT.

Comment, êtes vous riche à présent?

JULES, vivement.

Je le pense.
Mon père est émigré; la loi d'indemnité
Nous rend l'équivalent de sa propriété.

M. DALINCOURT, à part.

De l'opulence, un nom, une illustre famille!
Vraiment, ce parti-là conviendrait à ma fille.

(Haut.)

Eh! mon cher, je n'ai pas pour vous d'éloignement,
Je vous aime beaucoup; mais, malheureusement,
Un autre avait pris date, il a cet avantage.

JULES.

O ciel!

M. DALINCOURT.

Avec Chalet pourtant rien ne m'engage.

JULES.

Vous n'avez pas promis?

M. DALINCOURT.

Espérez, nous verrons...
Venez ce soir, demain..... et nous en causerons.

JULES.

Quel bonheur! ah! je cours l'annoncer à mon père.

M. DALINCOURT.

(L'arrêtant.) (A part.)
A votre père? Diable! arrangeons cette affaire.
(Haut.)
Je crois me rappeler que je l'ai mal reçu!...
Sitôt qu'il m'a quitté, je m'en suis aperçu;
J'étais distrait..., veuillez le lui faire connaître.

JULES.

Monsieur...

M. DALINCOURT.

Cette froideur l'aura blessé, peut-être;
J'en suis fâché.

JULES.

Monsieur...

M. DALINCOURT.

D'autant plus qu'aujourd'hui
Des gens dont je suis sûr m'ont dit un bien de lui!...
Vous ne m'en voulez pas à présent, je l'espère.

JULES.

Moi, monsieur?

M. DALINCOURT.

Ma conduite était celle d'un père.
Oui, si j'ai désiré que vous eussiez du bien,
C'était pour son bonheur, et vous le sentez bien.

Par la même raison, c'est vous que je préfère ;
Mais croyez, mon ami, qu'il m'est doux de le faire.
(Il sort.)

SCÈNE VIII.

JULES.

Ai-je bien entendu ? serait-ce un rêve ? Eh quoi !
J'épouserais Jenni ! Jenni serait à moi !
Quel avenir charmant pour tous deux ! et mon père,
Quand il saura l'accueil que l'on vient de me faire,
Comme il va prendre part aux transports de son fils !
Mais non, tant de bonheur ne peut m'être promis.
Ah ! mon cœur, je le sens, ne pourrait y suffire,
C'est un rêve brillant qu'un souffle va détruire.....
Quelqu'un vient.

SCÈNE IX.

M. DE BELLEVILLE, JULES.

M. DE BELLEVILLE.
Je puis donc enfin te rencontrer !
JULES.
Mon père !
M. DE BELLEVILLE.
Embrasse-moi ; j'ai peine à respirer.
Nous sommes seuls ici, ma joie en est extrême ;
Pour t'emmener, mon fils, j'arrive exprès moi-même.

Tu ne resteras pas maintenant, dieu merci,
Un quart-d'heure de plus dans cette maison-ci.

JULES.

Pourquoi?

M. DE BELLEVILLE.

Comment, peux-tu le demander?

JULES.

Sans doute.

M. DE BELLEVILLE.

Mais tu ne sais donc pas ce qui se passe. Écoute :
Mes droits sont constatés, j'ai pour moi les commis,
Le préfet, le ministre; enfin, je suis admis.
J'avais peur qu'on ne pût embrouiller les affaires;
Mais je viens d'aller voir avoués et notaires,
Et je n'ai rien à craindre, oui, tout est aplani,
Je suis riche, très riche!

JULES, avec enthousiasme.

O ma chère Jenni!

M. DE BELLEVILLE.

Comment! que me dis-tu de Jenni, je te prie?

JULES.

Je dis que ma Jenni m'appartient pour la vie.

M. DE BELLEVILLE.

Mais il n'est pas du tout question de cela,
J'y mets obstacle, moi.

JULES.

Qu'est-ce que j'entends là?
Comment, ce mariage?.....

M. DE BELLEVILLE.

Il ne peut pas se faire.

JULES.

Mais vous-même l'avez demandée à son père.

M. DE BELLEVILLE.

Je suis piqué, blessé, j'ai sur le cœur enfin
Le refus insolent qu'il m'a fait ce matin.
Non, jamais je n'ai vu semblable impertinence.

JULES.

C'est qu'il était distrait.

M. DE BELLEVILLE.

Il est d'une arrogance!....

JULES.

Il en a du regret, il est au désespoir.

M. DE BELLEVILLE.

Point d'affaire entre nous.

JULES.

Laissez-vous émouvoir.
Ce matin, vous saviez tous ces détails, mon père,
Et pourtant envers lui vous étiez moins sévère.

M. DE BELLEVILLE, avec emportement.

C'est qu'alors j'étais loin de le connaître bien;
J'en ai beaucoup appris depuis qu'il n'a plus rien.

JULES.

Si vous voyiez combien elle est aimable et belle!
C'est un ange; pour moi, point de bonheur sans elle.

M. DE BELLEVILLE.

Mais tu ne parais pas savoir le bruit qui court
Dans tout Bordeaux, mon fils, sur monsieur Dalincourt?

JULES.

Non, quel est-il?

M. DE BELLEVILLE, baissant la voix.

  Ce bruit est de fâcheuse espèce,
Et porterait atteinte à sa délicatesse.

JULES.

Cela ne se peut pas! je vous réponds de lui.

M. DE BELLEVILLE.

Ce n'est pas tout encore; on disait aujourd'hui
Qu'il était compromis pour une immense somme;
Il n'a plus de crédit, c'est un malhonnête homme.

JULES.

Il n'a plus de crédit!... Croyez-vous que Chalet,
S'il était comme on dit, sans bien, persisterait
A demander sa fille?

M. DE BELLEVILLE.

  Il est clair qu'il ignore
Des détails qu'à Paris on ne sait pas encore.
Quelqu'un, qui de Bordeaux arrive en ce moment,
Vient de m'en faire part confidentiellement.

JULES.

Sa ruine, en tout cas, ne peut être complète;
Il lui reste sans doute une fortune honnête.

M. DE BELLEVILLE.

Et quand cela serait, qu'est-ce qu'un bien pareil?
Je n'en fais aucun cas, il n'a rien au soleil.
Mon fils, je ne suis point amoureux, j'ai ma tête,
Et je n'accepte point une fortune honnête.

JULES.

Que me proposez-vous! j'aime et je suis aimé,
Vous avez approuvé le nœud que j'ai formé;

ACTE III, SCÈNE IX.

Un sordide intérêt doit-il changer mon âme ?
Jenni m'est toujours chère, elle sera ma femme.

M. DE BELLEVILLE.

Eh bien ! je briserai ces ridicules nœuds ;
Tu n'as point de raison, j'en aurai pour nous deux.

JULES.

Qui, moi, que je renonce à l'aimer ?

M. DE BELLEVILLE.

          Je l'exige ;
Il le faut.

JULES.

  Non, jamais.

M. DE BELLEVILLE.

      Obéissez, vous dis-je.

JULES.

Moi, j'abandonnerais Jenni dans le malheur !
Y pensez-vous, mon père ? Il y va de l'honneur.
De sa position loin de prendre avantage,
Puisqu'elle a tout perdu, je l'aime davantage.
Quand elle m'a choisi, je ne possédais rien ;
Tout a changé depuis, nous avons un grand bien,
Elle est pauvre : je dois, je veux être fidèle ;
Ce qu'elle a fait pour moi je le ferai pour elle.

M. DE BELLEVILLE.

Sentimens tout à fait romanesques, mon fils.
J'ai formé d'autres plans, je vous en avertis.
Vous connaissez, je crois, la jeune Defeutière ?
C'est de notre pays la plus riche héritière ;
Je quitte son tuteur, j'ai son consentement,
Et tu l'épouseras, j'en ai fait le serment.

JULES.

Je ne puis.

M. DE BELLEVILLE.

Fils ingrat!

JULES.

Arrachez-moi la vie;
Elle n'est rien pour moi si Jenni m'est ravie.

M. DE BELLEVILLE.

Quelle démence! aimer une femme de rien,
Qui n'a point de naissance, et qui n'a plus de bien!
Peut-on se ravaler à ce point? Misérable,
Ouvre les yeux, étouffe un amour condamnable.

JULES.

Jamais.

M. DE BELLEVILLE.

Obéissez, ou craignez mon courroux.

JULES.

Non, non.

M. DE BELLEVILLE.

Obéissez.

JULES.

J'embrasse vos genoux.

M. DE BELLEVILLE.

Fils indigne de moi!

JULES.

Mon père...

M. DE BELLEVILLE.

Je t'ordonne
De me suivre, et d'aimer celle que je te donne.

JULES.

Mon père...

(M. de Belleville sort.)

SCÈNE X.

JULES, seul.

Il est parti!... Quelle sévérité!...
Ah! devais-je m'attendre à cette dureté?
Lui, dont j'éprouvai tant la bonté paternelle!

SCÈNE XI.

JENNI, JULES.

JENNI, hors d'haleine.

J'accours vous annoncer une heureuse nouvelle :
Tous vos désirs, les miens vont être couronnés ;
Quel bonheur, mon ami, nous sommes ruinés !
(Étonnée.)
Mais vous ne semblez pas prendre part à ma joie,
Et sentir la faveur que le ciel nous envoie?

JULES.

La faveur! Apprenez que le ciel en courroux...
(A part.)
Ah! je n'ose achever...

JENNI.

Je tremble; expliquez-vous.
Vous pâlissez!

JULES.

Faveur odieuse, importune!

JENNI.

Quoi donc?

JULES, avec désespoir.

Mon père, hélas! recouvre sa fortune...
Que je suis malheureux!

JENNI.

Que me dites-vous là?
Mais je ne trouve rien de fâcheux à cela;
En quoi ce changement nous serait-il contraire?

JULES.

O ma chère Jenni, connaissez mieux mon père;
Il veut que pour jamais je quitte la maison.

JENNI.

Quoi! lui, qui ce matin montrait tant de raison!

JULES.

Les hommes, j'en ai peur, sont tous de même étoffe.
Tant qu'il est resté pauvre, il était philosophe;
Mais à présent...

JENNI.

Ce coup pour mon cœur est affreux;
Il le faut avouer, nous sommes malheureux.
Un obstacle détruit, il en renaît un autre;
Hier c'était mon père..., aujourd'hui c'est le vôtre.

JULES, se promenant à grands pas.

Fatale soif de l'or? c'est toi, toi qui nous perds!
Par toi l'on s'endurcit, l'on devient froid, pervers.
Jusqu'où va des parens l'orgueil et l'avarice!

JENNI, l'interrompant.

Ah! du sort bien plutôt accusons l'injustice;

ACTE III, SCÈNE XI.

C'est lui qui sur nous deux appesantit ses coups.
Eh quoi! ce que le ciel accorde à l'un de nous,
Faut-il que sur-le-champ à l'autre il le retire?
Dans le même moment ne peut-il nous sourire?
Ou du moins, nous rangeant sous de communes lois,
Ne peut-il nous frapper tous les deux à la fois?

JULES.

Oui, jusque dans ses dons il se montre implacable;
Autant que son courroux, sa bonté nous accable.
Et pourtant nos désirs ne s'étendent pas loin;
Nos vœux sont modérés. Le ciel en est témoin,
Nous ne l'obsédons pas d'une voix importune.
Eh! que nous font, à nous, les biens de la fortune?
Ils ne nous tentent pas : que nous font les besoins?
Nous saurions les braver, les supporter du moins.
Oui, nous ne craindrons rien, si le sort nous rassemble;
Soyons riches, ou bien soyons pauvres ensemble.

FIN DU TROISIÈME ACTE.

ACTE QUATRIÈME.

SCÈNE PREMIÈRE.

JENNI.

Pour lutter, un appui me serait nécessaire ;
Où puis-je le trouver ? où ? Dans ma belle-mère ?
Non, j'irais vainement me jeter à ses pieds ;
Ses intérêts et ceux de Chalet sont liés,
Et malgré ma douleur, je serais repoussée...
Cependant, il me vient une heureuse pensée.
Quand je voulus céder ma fortune à son fils,
Madame Dalincourt goûta fort cet avis.
Donnons-lui tout encore ; elle y sera sensible...
Qu'un pareil artifice à mon cœur est pénible !
Il le faut... mais les cieux m'en sont ici témoins,
Dans l'offre que je fais, je suis sincère au moins.

SCÈNE II.

MADAME DALINCOURT, JENNI.

JENNI, *allant au-devant de sa belle-mère.*
Voulez-vous mon malheur?
MADAME DALINCOURT.
Moi, Jenni!
JENNI.
Je réclame
Un service bien grand de vos bontés, madame.
MADAME DALINCOURT.
Levez-vous.
JENNI.
L'abandon qu'hier je proposais,
Dans l'espoir d'être unie à celui que j'aimais,
Je vous l'offre aujourd'hui pour ne l'être à personne.
MADAME DALINCOURT.
Comment? expliquez-vous, ce langage m'étonne,
Ma chère.
JENNI.
Je prétends rester fille toujours,
Près de vous désormais je veux passer mes jours.
Je n'ai qu'un seul désir, qu'un seul but, c'est de faire
Votre bonheur, madame, et celui de mon père.
MADAME DALINCOURT, *souriant.*
Mais c'est très bien, cela; j'approuve le projet
Que vous avez formé. Les hommes en effet

Sont des trompeurs, Jenni! Si j'étais à votre âge,
Je ne subirais pas le joug du mariage.
Suivez votre penchant; il vous sera si doux,
Ma fille, de passer vos jours auprès de nous.
Mais pourquoi de ce goût m'aviez-vous fait mystère?
Votre cœur aurait dû s'ouvrir à votre mère.

JENNI.

Je craignais...

MADAME DALINCOURT.

Un seul mot nous eût mises d'accord,
Et vous ne disiez rien, Jenni; vous aviez tort.
Voilà comme on s'aigrit, faute de se comprendre :
Je verrai votre père, et j'ai tout lieu d'attendre...

JENNI, avec feu.

Ah! je vais vous devoir le bonheur et la paix.
Croyez bien que mon cœur ne l'oublîra jamais.

MADAME DALINCOURT.

Comme elle est maintenant affectueuse et tendre!
(Elle l'embrasse.)
Chère enfant... Ce que c'est pourtant que de s'entendre!

JENNI.

Madame, je puis donc espérer votre appui?

MADAME DALINCOURT.

Oui, comptez que je vais lui parler aujourd'hui.

(Jenni sort.)

SCÈNE III.

MADAME DALINCOURT, la regardant s'éloigner.

Pauvre petite! elle d'une douceur extrême :
J'avais fort mal jugé cet enfant, moi; je l'aime.
Rester fille, le trait est vraiment délicat;
Je m'en souviens encor, c'est un bien triste état!
Et pourtant, qu'ai-je fait jusqu'ici pour lui plaire,
Moi qui la desservais dans l'esprit de son père?
C'était un tort : l'amour que j'ai pour Édouard
N'aurait pas dû me rendre injuste à son égard...
D'appuyer son désir je me fais un scrupule...
Ne vaudrait-il pas mieux la marier à Jule?
Sans doute; à Dalincourt il faut le proposer :
Jule est riche à présent, il peut bien l'épouser.
Oui, sans cela, Jenni serait trop malheureuse.
Ce jeune homme lui plaît, montrons-nous généreuse;
Point d'égoïsme froid, de sentimens jaloux...
S'il l'accepte sans dot, il sera son époux.

SCÈNE IV.

M. DALINCOURT, MADAME DALINCOURT.

M. DALINCOURT, à part.

C'est Herminie, ô ciel! gardons-nous de l'instruire...

MADAME DALINCOURT.

Vous voilà, mon ami! j'ai deux mots à vous dire;
J'ai fait part à Chalet de vos intentions.

M. DALINCOURT.

Ah!

MADAME DALINCOURT.

Mais permettez-moi quelques réflexions.
La marier à Jule est un parti plus sage;
Jules décidément lui convient davantage:
Songez-y bien, monsieur, ce plan concilîrait
L'intérêt et l'amour.

M. DALINCOURT.

Oui, c'était mon projet:
Mais son père...

MADAME DALINCOURT.

Son père?

M. DALINCOURT.

Ah! c'est une infamie!

MADAME DALINCOURT.

Comment donc?

M. DALINCOURT.

Vous semblez ignorer, mon amie,
Sa conduite envers nous, et ce qui s'est passé.
Cet homme délicat et désintéressé,
Qui, ce matin, craintif et plein de défiance,
Avec humilité briguait mon alliance,
Vient de la repousser avec dédain.

MADAME DALINCOURT.

Vraiment!
Mais d'où peut provenir un pareil changement?

ACTE IV, SCÈNE IV.

M. DALINCOURT.

Que voulez-vous? depuis qu'il est dans l'opulence,
Il ne se connaît plus, il est d'une insolence!
Hier il demandait, il refuse aujourd'hui :
Il ne voit que l'argent, l'argent est tout pour lui.
Ah! les hommes!

MADAME DALINCOURT.

C'était un parti bien sortable;
Mais peut-être qu'un jour il deviendra traitable?

M. DALINCOURT.

Non, ne l'espérez point.

MADAME DALINCOURT.

La petite, en ce cas,
Me parle d'un projet qui ne me déplaît pas.
Rester fille, voilà l'état qu'elle préfère.

M. DALINCOURT, l'interrompant.

Il n'est plus temps de feindre; apprenez-donc, ma chère,
Que je me vois en butte à des malheurs nouveaux.
Ah! j'ai trop entrepris!... On m'écrit de Bordeaux
Que mon associé, prévoyant ma détresse,
S'est enfui de la ville en emportant ma caisse.
A peine ces détails ont-ils été connus,
Que tous mes créanciers sont à la fois venus;
Trente lettres de change ont été présentées,
Et, faute de paîment, se trouvent protestées :
Plainte, arrêt contre moi, prise de corps, enfin;
Un de mes créanciers me l'a fait ce matin
Signifier par acte.

MADAME DALINCOURT.

O Dieu! quel parti prendre?

M. DALINCOURT.

Je vous l'ai déjà dit, je compte sur mon gendre.
Nous terminons ce soir; armé de son crédit,
J'irai voir aussitôt ce créancier maudit,
Et j'espère, ajournant sa poursuite importune,
Rassembler les débris de ma triste fortune.
Afin de mieux tromper un public envieux,
Je forme en même temps un plan audacieux;
Oui, j'accepte l'emprunt.

MADAME DALINCOURT.

Vous?

M. DALINCOURT.

Chalet me seconde,
Et par là je confonds, j'éblouis tout le monde;
Je puis comme autrefois me montrer au grand jour.

MADAME DALINCOURT.

On vient.

FRANÇOIS.

Monsieur Chalet et monsieur de Neubourg.

MADAME DALINCOURT.

Je vous laisse avec eux.

(Elle sort.)

SCÈNE V.

M. DE NEUBOURG, M. DALINCOURT, M. CHALET.

M. DALINCOURT, allant au devant de M. de Neubourg.

Que je me félicite

De me voir honoré d'une telle visite!

M. CHALET, à M. Dalincourt.

J'ai fait part à monsieur de nos conditions;
Il les adopte, sauf quelques restrictions.

M. DE NEUBOURG, à M. Dalincourt.

Je sais, monsieur, combien vous êtes honnête homme.
Aussi, sans disputer sur le temps, sur la somme,
J'aurais tout approuvé, s'il s'agissait de moi;
Mais l'intérêt du prince est ma suprême loi.

M. DALINCOURT, à Chalet.

Il paraît bien sévère!

M. DE NEUBOURG.

    Au reste, je vous jure
Que, sans monsieur, qui vint m'engager à conclure,
J'étais loin de songer à traiter avec vous.

M. DALINCOURT.

Quel motif aurait pu vous éloigner de nous?

M. DE NEUBOURG.

N'avez-vous pas prêté des fonds au plus terrible
De tous nos ennemis?

M. DALINCOURT.

    Oui, le fait est possible.
Mais il n'influe en rien sur ma décision;
Mon argent, voyez-vous, n'a pas d'opinion;
Le désir de traiter est le seul que j'éprouve.
Mais quels sont les détails que monsieur désapprouve?

M. DE NEUBOURG.

Je voudrais obtenir une réduction.
Le capital se trouve enflé d'un million,
Je ne puis reconnaître une somme aussi forte.

M. DALINCOURT.

Alors, j'augmenterai l'intérêt, peu m'importe.

M. DE NEUBOURG.

Point du tout.

M. DALINCOURT.

Il le faut.

M. DE NEUBOURG.

Non, je n'y consens pas.
Les intérêts du prince avant tout.

M. DALINCOURT.

En ce cas,
Marché nul.

M. CHALET, se plaçant au milieu d'eux.

Écoutez ! bien qu'on ait à défendre
Des droits tout opposés, on peut encor s'entendre ;
Il s'agit de trouver le mezzo-terminé.
Pendant que vous parliez, j'ai tout examiné ;
Eh bien ! c'est moi qui vais dégager l'inconnue,
Et placer les objets sous leur vrai point de vue.
Oui, je veux d'un seul mot terminer vos débats :
Point de réduction, mais...

M. DE NEUBOURG, l'interrompant.

Vous ne songez pas
Que l'intérêt du prince est qu'avant toute chose...

M. CHALET.

Point de réduction ! mais aussi je propose,
Pour régler et finir vos petits différens,

(Mystérieusement.)

Un article secret de cinq cent mille francs.

ACTE IV, SCÈNE V.

M. DE NEUBOURG, *comprimant un mouvement de joie.*

Un article secret !

M. CHALET, *à Dalincourt.*

Vous approuvez, j'espère ?

M. DALINCOURT.

Si monsieur y consent, je suis prêt à tout faire.

M. CHALET.

(à M. de Neubourg.)

J'en étais sûr d'avance. Eh bien ! vous l'entendez,
Tout dépend de vous seul, maintenant décidez.

M. DE NEUBOURG, *avec résignation.*

A l'amour de la paix je fais ce sacrifice.

M. CHALET.

Fort bien, voilà parler ; c'est là de la justice.
Au reste, du succès je ne doutais en rien ;
Car, entre gens d'honneur, on s'entend toujours bien (1).

M. DE NEUBOURG, *montrant Chalet.*

Monsieur possède un tact qui n'est pas ordinaire
Pour voir le point précis, délicat, d'une affaire.

M. CHALET, *s'inclinant.*

Ah ! vous êtes trop bon.

M. DE NEUBOURG, *à M. Dalincourt.*

Ainsi, décidément
Mon prince peut compter sur vous ?

M. DALINCOURT, *avec emphase.*

Assurément.
Je donne ma parole, et je reçois la sienne ;
Sa maison désormais peut compter sur la mienne.

---

(1) M. Chalet, M. de Neubourg, M. Dalincourt.

SCÈNE VI.

M. CHALET, M. DE NEUBOURG, M. DALINCOURT, MADAME DALINCOURT.

MADAME DALINCOURT, à son mari.

Monsieur Lahire, ami.

M. DE NEUBOURG, saluant.

Madame, j'ai l'honneur...

M. DALINCOURT, à sa femme.

Mon notaire?

MADAME DALINCOURT.

Il me suit.

M. DALINCOURT, à part.

Oh! tant mieux.

M. CHALET, à part.

Quel bonheur!

M. DALINCOURT, bas à sa femme.

Plus tôt nous signerons, plus j'ai pour moi de chances.

M. CHALET, à part, en se frottant les mains.

Je toucherai la dot avant les échéances.

SCÈNE VII.

M. CHALET, M. LAHIRE, M. DALINCOURT, M. DE NEUBOURG, MADAME DALINCOURT.

M. DALINCOURT, allant au devant du notaire.

Eh! vous voilà, mon cher, soyez le bien venu;
J'allais chez vous.

ACTE IV, SCÈNE VIII.

M. LAHIRE, montrant Chalet.

Monsieur vous avait prévenu.

M. CHALET, à M. Dalincourt, qui paraît surpris.

L'amour.....

M. DE NEUBOURG.

Dans tous les yeux ici la gaîté brille?

M. DALINCOURT, à M. de Neubourg.

Je donne aujourd'hui même un époux à ma fille.
Nous ferez-vous l'honneur de signer au contrat?

DE NEUBOURG.

Très-volontiers, monsieur.

M. DALINCOURT.

J'aime les noms d'éclat.

SCÈNE VIII.

M. CHALET, M. LAHIRE, M. TOURNEFORT, M. DALINCOURT, M. DE NEUBOURG, MADAME DALINCOURT, FRANÇOIS dans le fond du théâtre.

FRANÇOIS, annonçant.

Monsieur de Tournefort.

M. TOURNEFORT, à M. Dalincourt.

Voici l'épithalame
Que je viens vous offrir.

M. DALINCOURT.

Je suis flatté.... Ma femme,
C'est monsieur Tournefort... dont nous parlions tantôt.

M. TOURNEFORT, à part.

Il est content! j'aurai tous les fonds qu'il me faut.

M. DALINCOURT, d'un ton solennel.

Eh bien! qu'attendons-nous? j'ai pris avec mon gendre
Tous les arrangemens qu'il était bon de prendre.
Nous pouvons en finir à présent.

M. LAHIRE, avec importance.

Permettez : (1)
Il est en pareil cas plusieurs formalités
Que le code prescrit et dont rien ne dispense.

M. DALINCOURT.

Comment l'entendez-vous? mais tout est prêt, je pense:
Les articles, la dot, ont été convenus,
Tous les intéressés, les témoins sont venus;
Ainsi, nous n'avons plus maintenant qu'à conclure.

M. LAHIRE.

Mais il manque quelqu'un.

M. DALINCOURT.

Et qui donc?

M. LAHIRE.

La future.

M. DALINCOURT ET M. CHALET.

Ah!

M. DALINCOURT.

Vous avez raison; moi, je n'y pensais pas.

M. CHALET.

Ni moi non plus.

M. DALINCOURT, à François.

Allez la chercher de ce pas.

M. LAHIRE.

C'est que dans cette affaire elle est indispensable.

---

(1) M. Tournefort, M. Chalet, M. Lahire, M. Dalincourt, M. de Neubourg, Madame Dalincourt.

ACTE V, SCÈNE IX.

M. DALINCOURT, faisant un signe aux domestiques.

Sans doute. Asseyons-nous autour de cette table.
(Des valets en livrée, qui se tiennent dans le grand salon du fond depuis l'arrivée de M. de Neubourg, apportent la table à tapis sur le devant de la scène.)

M. DE NEUBOURG, à part.

Parbleu! l'oubli du père était des plus piquans.

SCÈNE IX.

M. TOURNEFORT, M. LAHIRE, M. CHALET, M. DALINCOURT, M. DE NEUBOURG, Mme DALINCOURT, JENNI, HYACINTHE. Ces deux dernières dans le fond de la scène.

HYACINTHE, annonçant.

Mademoiselle.

M. DALINCOURT, lui faisant signe de sortir.

Bien.

(Pendant qu'Hyacinthe parle, on s'assied autour de la table.)

HYACINTHE, à part.

Ces pauvres jeunes gens!
Moi, je souffre de voir le chagrin qu'on leur cause;
Ce sont les seuls ici qui vaillent quelque chose.

(Elle sort; Jenni s'avance.)

MADAME DALINCOURT, allant au devant de Jenni, dont les yeux l'interrogent.

Je n'ai rien obtenu.

M. DALINCOURT, à sa fille.

Voyons, approche-toi,
Ma Jenni.

JENNI, à part.

Juste ciel! ayez pitié de moi.

(Elle se retire dans le coin de droite, où M. Chalet lui offre une chaise.)

M. LAHIRE.

Puis-je commencer?

M. DALINCOURT.

Oui.

M. LAHIRE.

Messieurs, je vais vous faire
Lecture du contrat.

M. CHALET.

Il n'est pas nécessaire,
Lisez-nous seulement les stipulations.

M. LAHIRE.

(Lisant.)

Très volontiers.... La dot est de deux millions.

M. DALINCOURT, l'interrompant.

C'est le taux convenu; vous approuvez, je pense,
Mon cher Chalet?

M. CHALET.

Mon dieu, j'approuve tout d'avance.
Ce que vous avez fait, monsieur, est très bien fait;
Certes, nous n'aurons pas querelle à ce sujet.

M. DALINCOURT.

Que de délicatesse!

M. CHALET.

Il m'est trop honorable.
D'être gendre d'un homme aussi recommandable.

(M. Dalincourt s'incline.)

Gardez-vous de penser que ce soit pour son bien
Que je veux l'épouser; je la prendrais pour rien.

M. DALINCOURT, avec élan.

Mon ami!... Quant à moi, si j'ai pressé l'affaire,

Mon estime pour vous, pour votre caractère,
En est le seul motif, et vous n'en doutez pas.

M. CHALET, s'inclinant à son tour.

Monsieur...

M. DALINCOURT.

De vos talens je fais un si grand cas!...

M. CHALET, se levant avec effusion de cœur.

Ah! sans être attendri, je ne puis vous entendre.

M. DALINCOURT, idem.

Mon ami...

M. CHALET.

Cher beau-père...

M. DALINCOURT.

Embrassons-nous, mon gendre!

(Ils s'embrassent.)

M. DE NEUBOURG.

Combien leurs procédés sont aimables!

MADAME DALINCOURT.

Touchans!

M. TOURNEFORT.

Mon cœur est tout ému.

M. LAHIRE, essuyant une larme.

Mon Dieu, les braves gens!

M. DALINCOURT, assis de nouveau, et après un moment de silence.

Poursuivez.

M. LAHIRE.

Cette scène et me plaît et m'enchante.

(Lisant.)

... Est de deux millions, dont on paiera la rente
A trois pour cent par an.

M. CHALET.

Quel galimatias!
La rente à trois pour cent, je ne vous comprends pas.

M. LAHIRE.

Je lis pourtant, monsieur, ce qu'on m'a fait écrire.

M. CHALET.

Ce que...

M. LAHIRE.

Voyez vous-même.

M. CHALET, s'approchant.

Allons, vous voulez rire...

(A M. Dalincourt.)

Comment! il se pourrait!

M. DALINCOURT.

C'est la réalité.

M. CHALET.

Et voilà le contrat que vous avez dicté?

M. DALINCOURT.

Sans doute. Pourquoi donc cette surprise extrême?
Ma femme vous l'a dit ce matin, et vous même
Avez donné les mains à l'arrangement pris.

M. CHALET.

Moi? Vous vous méprenez et m'avez mal compris.
Avez-vous donc pensé que je perde la tête?

M. DALINCOURT.

Deux millions! la dot est pourtant fort honnête :
Je ne vous croyais pas difficile à ce point.

M. CHALET.

Voyons, entendons-nous et ne confondons point.
La dot serait, monsieur, suivant votre promesse,

ACTE IV, SCÈNE X.

Deux millions comptant.

M. DALINCOURT.

Oui..... que je garde en caisse.

M. CHALET.

Et je ne puis toucher, moi, que les intérêts?

M. DALINCOURT.

Précisément.

M. CHALET.

Ainsi, somme toute, j'aurais
Soixante mille francs par an?

M. DALINCOURT.

Pas davantage.

M. CHALET.

Je ferais là vraiment un joli mariage!

M. DALINCOURT.

Et sur quoi jugez-vous, monsieur, qu'il soit mauvais?

M. CHALET.

Que voulez-vous qu'on fasse avec des intérêts?

M. DALINCOURT, affectueusement.

Mais, dès ce moment-ci, ces fonds vous appartiennent,
Et tôt ou tard, Chalet, il faut qu'ils vous reviennent.
Pourquoi donc êtes-vous pressé de les avoir?
Songez que c'est pour vous que je les fais valoir...

M. CHALET.

Vous avez là sans doute une obligeance extrême;
Mais je les saurai bien faire valoir moi-même.

M. DALINCOURT, avec douceur.

Décidément, tâchons de nous mettre d'accord.

M. CHALET.

Volontiers; donnez-moi ce que je veux d'abord,

Je promets de céder sur tout le reste ensuite;
Vous pouvez y compter.

M. DALINCOURT.

Parbleu, le beau mérite!

M. CHALET.

J'apporte un capital, j'en veux un!

M. DALINCOURT.

Mon ami!...

M. CHALET.

C'est clair, un mariage est un compte à demi.

M. DALINCOURT, s'échauffant graduellement.

Montrer, pour une dot, cette exigence extrême.

M. CHALET, idem.

Lésiner à ce point pour un enfant qu'on aime!
C'est par trop ridicule.

M. DALINCOURT.

On n'agit pas plus mal.

M. CHALET.

Je vous l'ai déjà dit, je veux le capital,
Je le veux!

M. DALINCOURT.

Vous serez trompé dans votre attente;
J'en jure sur l'honneur, vous n'aurez que la rente.

CHALET.

J'ignore ce que c'est que reculer d'un pas.

M. DALINCOURT.

Deux mille francs de plus, vous ne les auriez pas;
N'est-ce rien que l'honneur d'entrer dans ma famille?

M CHALET.

Ainsi, vous prétendiez marier votre fille

ACTE IV, SCÈNE IX.

ans bourse délier; c'est commode vraiment!

M. DALINCOURT, s'animant.

Ainsi, vous l'épousiez pour sa dot seulement!
Un pareil procédé n'est pas très honorable.
Soyez plus délicat.

M. CHALET, vivement.

   Soyez plus raisonnable,
Ou vous me forcerez à faire quelque éclat.

M. DALINCOURT.

Tout comme vous voudrez.

M. CHALET.

     Eh bien, plus de contrat!

(Ils se lèvent tous deux et viennent sur le devant de la scène.)

M. DALINCOURT.

Oui, plus de contrat, soit.

CHALET.

    L'alliance est rompue.

JENNI, à part, dans son coin.

Malheureuse Jenni! comme je suis vendue!

M. CHALET.

Alors vous me rendrez les trois cent mille écus,
En effet sur Paris, que vous avez reçus.

M. DALINCOURT.

Ils ne sont pas à vous.

M. CHALET.

   Monsieur, je les exige.

M. DALINCOURT.

Vous ne les aurez pas.

M. CHALET.

   Je les aurai, vous dis-je.

C'est à titre de prêt que vous les receviez.

M. DALINCOURT.

Non pas, c'est un paîment, et vous me les deviez.

M. CHALET, à part.

O ciel! je suis perdu; s'il ne veut pas les rendre.
(Haut.)
Je vous attaquerai.

M. DALINCOURT.

Je saurai me défendre.

M. CHALET.

(A part.) (Haut.)
Menaçons. Nous irons devant les tribunaux.

MADAME DALINCOURT, effrayée.

Devant les tribunaux?

M. DALINCOURT.

Soit.

M. LAHIRE, se levant, et le ventre appuyé contre la table.

Messieurs, quels propos!

M. CHALET.

Vous avez employé des manœuvres coupables.

M. DALINCOURT.

C'est vous.

M. LAHIRE, se tournant vivement vers M. Dalincourt.

Monsieur...

M. CHALET.

C'est vous.

M. LAHIRE, se tournant vivement vers M. Chalet.

(A part.)

Monsieur... Les misérables!

MADAME DALINCOURT, à M. de Neubourg.

Cela va mal tourner, je le crains.

M. DE NEUBOURG.

Je le croi.

M. CHALET.

Oui, monsieur, vous avez surpris ma bonne foi.

M. DALINCOURT.

C'est faux.

M. LAHIRE, toujours penché sur la table.

Monsieur Chalet...

M. DALINCOURT.

D'après ce qui se passe,
Nous plaiderons.

M. LAHIRE, à M. Dalincourt.

Monsieur...

M. CHALET.

Nous plaiderons.

M. LAHIRE.

De grâce...

M. DALINCOURT ET M. CHALET, ensemble.

Non.

M. LAHIRE, à part.

Ils ne veulent pas écouter mes avis,

(En s'asseyant.)

Qu'ils plaident donc! Vraiment, j'étais trop bon; mon fils
Est l'avoué du gendre, et mon neveu du père;
Ce sera pour tous deux une excellente affaire.

M. DALINCOURT, à part.

Qu'ai-je fait, juste ciel! je me suis emporté,
Et j'ai besoin de lui!

M. CHALET, à part.

Sotte vivacité!
Où me suis-je avisé de me mettre en colère?

M. DALINCOURT, *idem.*

Ce mariage m'est tout à fait nécessaire.

M. CHALET, *idem.*

Si je lui proposais d'autres conditions...

M. DALINCOURT, *idem.*

Mais si je lui faisais quelques concessions...

M. CHALET, *idem.*

J'ose croire qu'alors...

M. DALINCOURT, *idem.*

Par là j'ai lieu d'attendre...

M. LAHIRE, vivement et à part.

Il faut les rapprocher, je crois qu'ils vont s'entendre.
(Haut. Pendant ces vers, Chalet et Dalincourt se rapprochent doucement de la table.)

Ah! laissez-moi remplir un rôle bien flatteur,
Le doux rôle d'ami, de conciliateur.
Il s'agit d'une affaire à peu près décidée;
De tout rapprochement éloignez-vous l'idée,
Vous, monsieur Dalincourt?

M. DALINCOURT.

Je ne dis pas cela.

M. LAHIRE.

Parfaitement pensé; je vous reconnais là.
Et vous, monsieur Chalet, vous dont l'âme est si bonne,
Ferez-vous le malheur d'une jeune personne,
Quand le contrat est prêt? Vous alliez être époux,
Les parens y comptaient, la repousserez-vous?

ACTE IV, SCÈNE IX.

M. CHALET.

Qui, moi, la repousser! quelle pensée affreuse!
Je l'aime et je ferai son bonheur.

JENNI, à part.

Malheureuse!

M. LAHIRE.

Voyons, entendez-vous sur le point principal.

M. DALINCOURT.

Moi, j'offre moitié rente et moitié capital.

M. LAHIRE, à M. Chalet.

Oh! pour le coup, c'est être accommodant, j'espère.

M. DALINCOURT, lui présentant la main.

Approuvez-vous, Chalet?

M. CHALET, serrant la main de M. Dalincourt.

Tout à fait, cher beau-père.

M. LAHIRE.

Mon Dieu, ce changement est l'affaire d'un mot;
(Il écrit, le beau-père et le gendre se rasseyent.)
Je vais tout arranger... En matière de dot,
Pour un rien bien souvent la colère s'allume,
(à M. Dalincourt.)
Un rien l'apaise aussi. Monsieur, voici la plume.

M. DALINCOURT ET M. CHALET, respirant.

Ah!

M. LAHIRE.

Si j'arrive au but, ce n'est pas sans efforts.

M. DALINCOURT, à part en signant.

Je suis sauvé!

M. CHALET, à part, en recevant la plume de M. Dalincourt.

J'échappe à la prise de corps.

SCÈNE X.

JENNI, M. TOURNEFORT, M. CHALET, M. LA-
HIRE, M. DALINCOURT, M. DE NEUBOURG,
MADAME DALINCOURT, JULES.

JULES, arrivant derrière M. Dalincourt.

On vous cherche.

M. DALINCOURT, effrayé.

Qui, moi?

JULES, bas.

Sortez sans plus attendre;
Ils sont là-bas, monsieur.

M. DALINCOURT.

Là-bas? quel parti prendre?

JULES, bas.

Ils me suivent.

MADAME DALINCOURT, à Jules.

Qui donc?

M. CHALET, inquiet, à part.

Que disent-ils là? paix!

JULES.

Les gardes du commerce et le juge de paix.

(M. Dalincourt se précipite vers la porte du fond.)

MADAME DALINCOURT.

Le juge de paix! ciel!

SCÈNE XI.

JENNI, M. TOURNEFORT, M. CHALET, M. LAHIRE, UN JUGE DE PAIX, M. DALINCOURT, JULES, M. DE NEUBOURG, MADAME DALINCOURT.

M. LAHIRE
Ici que vient il faire?

LE JUGE DE PAIX, à M. Dalincourt.

Vous arrêter.

M. DALINCOURT.

Moi?

MM. DE NEUBOURG, CHALET ET TOURNEFORT.

Lui!

M. LAHIRE.

Qu'entends-je?

MADAME DALINCOURT.

O ciel!

JENNI.

Mon père!

M. CHALET.

(Passant devant la table, et écartant tout le monde pour arriver à l'autre côté du théâtre.)

Pardon.

M. LAHIRE.

Où courez-vous?

M. CHALET.

Je ne vais pas très loin.

M. TOURNEFORT.

Monsieur, votre chapeau.

M. CHALET, sautant par la fenêtre.

Je n'en ai pas besoin.

SCÈNE XII.

JENNI, M. TOURNEFORT, M. LAHIRE, LE JUGE DE PAIX, M. DALINCOURT, MADAME DALINCOURT, JULES, M. DE NEUBOURG.

M. DE NEUBOURG.

A ce qu'il me paraît, le futur est bien leste.

LE JUGE DE PAIX.

Et fort bien avisé, j'allais l'arrêter.

M. TOURNEFORT.

Peste!

Il a senti cela.

JULES.

Je n'en suis pas surpris,
Le fripon est en fuite, et l'honnête homme est pris.

M. LAHIRE, au juge de paix.

Tout s'explique; je vois quelle erreur est la vôtre.

LE JUGE DE PAIX.

Comment?

M. LAHIRE.

Monsieur se trouve arrêté pour un autre.

LE JUGE DE PAIX.

Non; je viens en vertu d'un jugement rendu

ACTE IV, SCÈNE XII.

Par suite de protêts. Monsieur a répondu,
Il a signé; la loi, vous le savez, est une,
Il lui faudra payer.

M. DALINCOURT.

Ah! ma pauvre fortune!

(Jenni s'élance vers M. Dalincourt.)

MADAME DALINCOURT.

C'en est donc fait; grand Dieu! que deviendra mon fils?

M. TOURNEFORT, à M. Lahire.

Ceci devient vilain.

M. LAHIRE.

Je suis de votre avis.

JENNI.

Mon père est malheureux! Ah! volons à son aide...
Le bien de ma mère, oui, tout ce que je possède,
Prenez, prenez, mon père, et croyez bien surtout...

M. DALINCOURT, la pressant dans ses bras.

Ma fille... Chère enfant!.. Non, l'argent n'est pas tout...
Ta main guérit les maux où je me vois en butte.

MADAME DALINCOURT, se précipitant vers son époux.

Mon mari...

LE JUGE DE PAIX, à M. Dalincourt.

J'ai mon ordre, il faut qu'il s'exécute.

MADAME DALINCOURT, vivement.

Je te suivrai partout; il doit m'être permis...

M. DALINCOURT.

Adieu, Jenni, ma femme... Adieu, mes bons amis.

(Il sort avec le juge de paix.)

8

SCÈNE XIII.

M. TOURNEFORT, M. DE NEUBOURG, M. LAHIRE, MADAME DALINCOURT, JULES, JENNI.

(Cette scène doit être jouée très vivement.)

M. DE NEUBOURG.

Où sommes-nous, ô ciel!

M. LAHIRE.

C'est fort désagréable.

M. DE NEUBOURG.

Je crois venir ici chez quelqu'un d'honorable,
Et c'est pour assister aux scènes que je voi!...

M. TOURNEFORT.

Quelles gens!

M. DE NEUBOURG.

Compromettre un homme comme moi!

MADAME DALINCOURT.

Dalincourt! Pauvre ami! que je suis malheureuse!

M. LAHIRE.

Il est sûr que pour moi cette scène est fâcheuse;
J'y perds un bon contrat, que je croyais tenir.

M. DE NEUBOURG.

Mon emprunt maintenant, que va-t-il devenir?

M. LAHIRE.

Un contrat tout dressé!

M. DE NEUBOURG.

La plus brillante affaire!

M. TOURNEFORT.

Et mon épithalame, à moi, qu'en vais-je faire?
Je n'aurai pas mes fonds.

MADAME DALINCOURT.

Cruel événement!
Ah! l'on va dépouiller mon fils, assurément.

M. TOURNEFORT.

J'avais dans ce morceau des traits vraiment sublimes;
Mais je puis le placer en changeant quelques rimes.

(Il sort.)

M. DE NEUBOURG.

Il me faut de l'argent, j'ai mes ordres, enfin;
Je vais donc contracter chez le banquier voisin.

(Soupirant.)

C'est fâcheux.

(Il sort.)

MADAME DALINCOURT.

Suivez-moi, vous, monsieur le notaire,
Et pour servir mon fils, voyons ce qu'il faut faire.

(Elle sort avec M. Lahire; Jules l'accompagne jusqu'à la porte.)

SCÈNE XIV.

JENNI, JULES.

JENNI.

Mon pauvre père! Au lieu de plaindre son malheur,
Ses prétendus amis ne plaignent que le leur.
Sur qui compter?

JULES.

Sur moi, sur moi, mademoiselle.
Avez-vous pu douter de mon cœur, de mon zèle?
D'après la loi qui rend à mon père ses biens,
Ma mère avait des droits qui deviennent les miens,
Et je vais posséder un fort bel héritage.
Que ne puis-je aujourd'hui vous offrir davantage!

JENNI.

A moi?

JULES.

Quoique je n'ose espérer votre main,
Soins, fortune, crédit, sacrifices enfin,
Rien ne me coûtera, je suis prêt à tout faire;
Oui, ma Jenni, j'y vais, j'y cours.

JENNI.

Sauvez mon père!

FIN DU QUATRIÈME ACTE.

ACTE CINQUIÈME.

SCÈNE PREMIÈRE.

MADAME DALINCOURT, HYACINTHE.

MADAME DALINCOURT.
Mais comment se fait-il que Jenni soit absente?
HYACINTHE.
Madame, elle est sortie avec sa gouvernante,
(Avec importance.)
Sans dire où, sans daigner seulement m'avertir
Du motif si pressant qui la faisait sortir.
Pour moi, ce procédé de ma jeune maîtresse
Me cause un vrai chagrin, et...
MADAME DALINCOURT.
C'est bien, qu'on me laisse.
(Hyacinthe sort.)

SCÈNE II.

MADAME DALINCOURT.

Hélas! qui me l'eût dit?... J'étais loin de prévoir
Des malheurs... que j'ai peine encore à concevoir?...
Quelle erreur, quelle faute, ô ciel, on a commise!
Dans ce maudit contrat, ma dot est compromise.
Au sort le plus cruel il faut me préparer!...
Ah! ce n'est pas sur moi que je devrais pleurer:
Je suis libre du moins; si quelqu'un est à plaindre,
C'est mon pauvre mari; que n'a-t-il pas à craindre?
Tous ses amis ont fui pour ne plus revenir,
Tous l'ont abandonné... Quel est son avenir,
Victime d'un fripon qu'il n'a pas su connaître?
L'indigence..... qui sait? le déshonneur, peut-être;
Le déshonneur! quel mot ai-je prononcé là?
Espérons que jamais.....

SCÈNE III.

MADAME DALINCOURT, JENNI.

MADAME DALINCOURT.

        Ah! Jenni, vous voilà?
Nous étions inquiets de vous savoir sortie.

ACTE V, SCÈNE III.

JENNI.

Je viens de voir mon père.

MADAME DALINCOURT.

Eh! quoi, ma chère amie,
Sans nous avoir rien dit! quels étaient vos desseins?
Votre but?

JENNI.

Je voulais remettre dans ses mains
Un écrit, par lequel j'autorise mon père
A disposer du peu que m'a laissé ma mère.

MADAME DALINCOURT.

Comment, vous avez pu!...

JENNI.

J'ai donné tout mon bien,
Lorsque mon père doit, je ne possède rien.

MADAME DALINCOURT.

Ma fille, embrassez-moi..... Sa conduite m'enchante;
Comme elle est à la fois délicate et touchante!
Je n'ai qu'un seul regret, mais il est bien cuisant,
C'est de ne pouvoir pas l'imiter à présent.

JENNI, avec feu.

Qui vous retient? qui peut vous empêcher, madame,
De suivre ainsi que moi, cet élan de votre âme?
Volez vers lui, que rien n'arrête plus vos pas.

MADAME DALINCOURT.

Eh! malheureusement, cela ne se peut pas.

JENNI.

Vous êtes, songez-y, l'épouse de mon père.

MADAME DALINCOURT.

Suis-je donc seulement épouse? je suis mère.

J'ai, comme telle aussi, des obligations,
Et..... je sais triompher de mes affections.
Hélas! c'est bien assez des pertes que j'éprouve!...
Vous ignorez, Jenni, l'état où je me trouve;
Notre contrat est fait si maladroitement
Qu'il faudra que je paie, à ce qu'on dit.

JENNI, avec humeur.

Comment,
Madame, vous craignez de payer pour mon père?

MADAME DALINCOURT, vivement.

Mon amie, apprenez ce qui me désespère.
Nous avons, par malheur, communauté de bien;
Aux affaires alors je ne comprenais rien!.....
Ah! si dans ce temps-là, j'eusse été plus habile,
A mon cher Dalincourt je pourrais être utile.

JENNI, apercevant Jules.

Monsieur Jules!.....

SCÈNE IV.

JENNI, JULES, MADAME DALINCOURT.

JULES.

Je viens de courir tout Paris,
Dans ses propres filets monsieur Chalet est pris.

JENNI vivement.

Et mon père, monsieur?

MADAME DALINCOURT, idem.

Et les lettres de change?

JENNI, idem.

Que va-t-il devenir?

ACTE V, SCÈNE IV.

MADAME DALINCOURT, *idem.*

Il serait fort étrange
Qu'on me les fît payer.

JENNI, *idem.*

Sortira-t-il ce soir?

MADAME DALINCOURT, *idem.*

Qu'ont dit les avocats?

JENNI, *idem.*

Quand pourrai-je le voir?

JULES.

Laissez-moi respirer, je vais vous satisfaire.....
La situation de monsieur votre père,
Grâce à ce malheureux qui l'avait entraîné,
Était plus grave encor qu'on n'avait soupçonné.

MADAME DALINCOURT.

Plus grave?

JULES, baissant la voix.

Il s'agissait de faux en écriture;
Votre crédule époux, ignorant l'imposture,
Avait mis ces billets en circulation.
J'ai compris le danger de sa position ;
Des gens que j'ai guidés pendant une heure entière,
Suivant Chalet de loin jusques à la barrière,
Viennent de l'arrêter.

JENNI.

Ah! le ciel soit loué.

JULES.

A la conciergerie il a tout avoué ;
A monsieur votre père il a rendu justice,
Déclarant hautement qu'il n'a point de complice.

Tranquille à cet égard, et suivi de l'huissier,
J'ai couru sur-le-champ chez votre créancier.
Il demeure fort loin, et l'on m'a fait attendre;
Mais enfin je l'ai vu, j'ai su me faire entendre,
Et monsieur Dalincourt, mesdames, grâce à lui,
Pourra sur caution être libre aujourd'hui.

MADAME DALINCOURT.

Mais cette caution, sans crédit, ruinée,
Où puis-je la trouver, monsieur?

JULES.

Je l'ai donnée.

JENNI.

Vous, Jules!

MADAME DALINCOURT.

Ah! monsieur?.....

JULES.

J'ai fait ce que j'ai dû,
Et ce soir, dans une heure, il vous sera rendu.

JENNI.

Je le reconnais là; quel bon cœur!

MADAME DALINCOURT.

Je respire.

JULES.

Peut-être qu'aussitôt j'aurais dû l'en instruire,
Et de quelques momens hâter sa liberté;
Mais j'ai craint, dans l'ardeur dont j'étais transporté,
Qu'un tiers, un étranger ne vînt, mademoiselle,
Vous apprendre avant moi cette heureuse nouvelle.

MADAME DALINCOURT.

Quel procédé touchant!

ACTE V, SCÈNE V.

JENNI.

Oh! combien je vous doi,
Monsieur Jules!

MADAME DALINCOURT.

L'on vient.

JENNI.

C'est mon père!

SCÈNE V.

JULES, JENNI, M. DALINCOURT, MADAME DALINCOURT.

M. DALINCOURT.

Oui, c'est moi.
(Il les embrasse.)

MADAME DALINCOURT.

O mon ami, combien nous étions inquiètes!

JENNI.

Mon père!.....

M. DALINCOURT, à Jules.

Contemplez les heureux que vous faites.
(A sa femme et à Jenni.)
Mais vous ne connaissez mon bonheur qu'à moitié:
Sachez que les parens de mon associé
Ont répondu pour lui dès qu'il eut pris la fuite,
Que lui-même est rentré honteux de sa conduite,
Que ma maison n'a point éprouvé de malheur,
Et que nous n'avions eu qu'une fausse terreur.

(A Jenni.)

Ainsi donc, ma fortune est à peu près entière,
Et tu seras encore une riche héritière.

JENNI, bas à Jules.

Monsieur Jules.....

JULES, bas à Jenni.

Jenni!... l'heureux événement!

M. DALINCOURT, surprenant leurs regards.

Mes enfans, livrez-vous à ce doux sentiment.

JENNI, haut.

Qu'entends-je?

M. DALINCOURT.

Je sais tout; ne rougis pas ma fille,
Je permets, et je veux qu'il soit de la famille;
J'attends monsieur Lahire.

JENNI.

O mon père.

M. DALINCOURT.

C'est toi
Qui peux seule acquitter ce qu'il a fait pour moi.

MADAME DALINCOURT, à son mari.

N'éprouverez-vous plus d'obstacles?

M. DALINCOURT.

Je l'espère.

(A Jules.)

Je viens, à ce sujet, d'écrire à votre père,
Je l'informe d'abord, comme vous pensez bien,
Qu'il est faux que je sois dépouillé de mon bien.
Je lui dis ce qu'il sait sans doute par vous-même,
Que vous aimez beaucoup ma Jenni qui vous aime;

ACTE V, SCÈNE VI.

Que je serais charmé de former un lien,
Qui couvrirait mon nom de tout l'éclat du sien.
(Bas à sa femme.)
Je flatte son orgueil, son cœur, son avarice,
Et je ne doute pas que je ne réussisse.

SCÈNE VI.

HYACINTHE, JULES, JENNI, M. DALINCOURT, MADAME DALINCOURT.

HYACINTHE, à Jules.
On m'a remis pour vous le billet que voici,
Monsieur, depuis une heure il vous attend ici.

JULES.
Depuis une heure?... ciel! la lettre est de mon père.

M. DALINCOURT.
Lisez : c'est la réponse à la mienne, j'espère.

JULES, haut.
«Mon fils, j'apprends que vous persistez à voir des
»gens dont j'ai à me plaindre; et c'est chez eux que je
»suis forcé de vous écrire! Jamais je ne consentirai à
»vous voir le gendre...
O Dieu!

M. DALINCOURT, à Jules.
Voilà, sans doute, un fort doux compliment:
C'est qu'il n'a pas reçu ma lettre, assurément.
(Prenant le billet des mains de Jules et lisant.)
»à vous voir le gendre d'un pareil homme. Je vous

» ordonne d'être chez moi dans une heure; autrement
» j'irai moi-même vous signifier mes volontés. »

(Avec humeur.)

Si c'est là sa réponse, elle n'est pas civile.

JULES.

Que je suis malheureux!

FRANÇOIS, annonçant.

M. de Belleville.

JULES ET JENNI.

Ah! grand Dieu!

MADAME DALINCOURT.

Quelle scène, ô ciel, nous allons voir!

M. DALINCOURT, à François.

Qu'il entre; je suis prêt à le bien recevoir.

(François sort.)

SCÈNE VII.

JULES, JENNI, M. DALINCOURT, M. DE BELLE-
VILLE, MADAME DALINCOURT.

JULES, se précipitant au-devant de M. de Belleville.

O mon père, arrêtez!

M. DE BELLEVILLE, écartant son fils.

Voulez-vous bien permettre...

(Tendant la main à M. Dalincourt.)

Oublions tout, monsieur.

(Étonnement général.)

M. DALINCOURT, à part.

Il a reçu ma lettre.

(Ils se donnent la main.)

M. DE BELLEVILLE.

Que je connaissais mal votre fille et mon fils !
Les nobles sentimens dont leurs cœurs sont remplis,
Ont attendri le mien, vaincu ma résistance ;
Ordonnez maintenant, j'approuve tout d'avance.

M. DALINCOURT.

Ah ! je suis consolé des maux que j'ai soufferts !
Venons à des objets plus aimables, plus chers ;
Parlons de nos enfans.

M. DE BELLEVILLE.

C'est ce qui m'intéresse.

M. DALINCOURT.

O quel fils vous avez ! quelle délicatesse !
C'est mon libérateur ; quand j'étais sans appui,
Quand tout m'abandonnait, je n'ai trouvé que lui.
De l'égoïsme humain j'ai fait l'expérience !
Les gens en qui j'avais placé ma confiance,
Mes amis, mes parens, ceux à qui j'ai donné
Cent preuve d'intérêt, m'ont tous abandonné ;
Seul, il m'a secouru.

M. DE BELLEVILLE.

Mon fils !

FRANÇOIS, annonçant.

M. Lahire.

M. DALINCOURT.

Mon notaire ! ah ! je sais.

MADAME DALINCOURT.

Qu'a-t-il donc à vous dire ?

SCÈNE VIII.

JULES, JENNI, M. DALINCOURT, M. LAHIRE,
MADAME DALINCOURT, M. DE BELLEVILLE.

M. LAHIRE, à M. Dalincourt.

A me rendre chez vous on vient de m'inviter ;
J'accours : permettez-moi de vous féliciter.
(Baissant la voix.)
J'entrevois qu'il s'agit d'un autre mariage ;
J'en suis charmé ; je crois qu'il convient davantage.
J'avais depuis long-temps prévu ce résultat,
Et vais avec plaisir faire un nouveau contrat.

FRANÇOIS, annonçant.

M. de Neubourg.

M. DALINCOURT.

Ah !

MADAME DALINCOURT.

La fortune prospère
Le ramène chez nous.

SCÈNE IX.

M. LAHIRE, JULES, JENNI, M. DALINCOURT,
M. DE NEUBOURG, MADAME DALINCOURT,
M. DE BELLEVILLE.

M. DE NEUBOURG, à M. Dalincourt.

On vous a dit, j'espère,

Combien j'avais pris part au triste événement
Dont vous avez été la victime un moment.
Maintenant qu'au malheur vous n'êtes plus en proie,
Vous me voyez, monsieur, heureux de votre joie.

M. DALINCOURT.

Combien je suis touché...

M. DE NEUBOURG, bas.

D'ailleurs, je compte bien
Qu'à nos arrangemens vous ne changerez rien.
Il n'est pas de maison comparable à la vôtre,
Et je ne pourrais pas traiter avec une autre.

M. DALINCOURT, à part.

C'est l'article secret!

FRANÇOIS, annonçant.

Monsieur de Tournefort.

SCÈNE X ET DERNIÈRE.

M. LAHIRE, M. DE NEUBOURG, JULES, JENNI,
M. DE TOURNEFORT, M. DALINCOURT, Mme
DALINCOURT, M. DE BELLEVILLE.

M. DE TOURNEFORT, à M. Dalincourt.

Monsieur, ce qu'on m'apprend me cause un vrai transport,
Et j'accours aussitôt, la joie au fond de l'âme,
Vous faire hommage encor de mon épithalame.
A l'avenir, monsieur, je m'en fais une loi,
Vous pouvez disposer de mes vers et de moi;
Ma muse, mes talens sont à votre service.

J'ai chanté ces amans que le destin propice
Va bientôt réunir; j'ai chanté leurs sermens!
S'il survient désormais d'heureux événemens

(Se tournant successivement vers les personnes qu'il désigne.)

A madame, à monsieur, à vous, mademoiselle,
Je les chanterai tous avec le même zèle.

M. DALINCOURT.

Mes amis, quel plaisir j'éprouve à vous revoir!
Oui, ma félicité surpasse mon espoir.

A ses enfans. (1)

Quant à vous, vos vertus seront récompensées.
Il est tant de cœurs secs, d'âmes intéressées
Dont j'ai subi l'aspect odieux, repoussant;
Le vôtre, mes amis, me rafraîchit le sang.
Soyez unis.

M. DE BELLEVILLE.

Voyez leur bonheur!

MADAME DALINCOURT.

Leur ivresse!

M. DALINCOURT.

Mes enfans, dans mes bras venez que je vous presse.

(On fait groupe autour d'eux.)

Ce spectacle me plaît, qu'il est touchant et doux!

(D'un ton paternel.)

Mais hélas! dans dix ans, vaudront-ils mieux que nous?

Nota. A la représentation, on remplace le dernier vers par celui-ci:
« Espérons qu'à notre âge ils vaudront mieux que nous. »

---

(1) M. Tournefort, M. Lahire, M. de Neubourg, Jules, Jenni, M. Dalincourt, Madame Dalincourt, M. de Belleville.

FIN DU CINQUIÈME ET DERNIER ACTE.

MISE EN SCÈNE.

La scène se passe au rez-de-chaussée, dans un petit salon fermé, élégamment décoré, et de forme octogone. Le premier plan de la droite des acteurs est une fenêtre fermée donnant sur le jardin de la maison. Le second plan, à pan coupé, est une porte à deux battans, conduisant aux appartemens et dans les bureaux. La porte du centre, qui reste toujours ouverte à partir de l'entrée du banquier au premier acte, laisse voir un grand salon de réception très richement meublé et garni d'un tapis. La porte du fond de ce grand salon ne s'ouvre que pour l'entrée de M. de Neubourg au quatrième acte; elle donne sur le vestibule de l'hôtel, et forme entrée d'honneur. Toutes les entrées de l'extérieur se font par la porte à deux battans du pan coupé au second plan de la gauche des acteurs. Le premier plan de gauche est une fenêtre ouverte donnant sur la cour de l'hôtel. Il y a devant une causeuse, pour faciliter l'escalade du quatrième acte. Le petit salon, où se passe l'action, doit contenir un meuble complet, à gauche une table couverte d'un tapis, à droite une toilette de femme d'un goût moderne. Lorsqu'au quatrième acte on place la table au milieu du théâtre, devant le notaire, Chalet se place à droite de cette table, Dalincourt à sa gauche, le notaire au milieu; les autres personnages forment cercle avec eux. Chalet met son chapeau gris sur la table, au moment où il prend place.

DISTRIBUTION PAR EMPLOIS.

M. DALINCOURT, premier rôle, mise élégante et simple.
M. CHALET, premier comique, mise recherchée et titus grise.
M. DE BELLEVILLE, père noble.
JULES, jeune premier.
M. TOURNEFORT, financier.
M. DE NEUBOURG, second premier rôle.
M. LAHIRE, troisième rôle.
FRANÇOIS, second comique.
MME DALINCOURT, premier rôle.
JENNI, jeune première.
HYACINTHE, soubrette.

Nota. La tenue de tous les personnages est moderne, comme la décoration : les trois valets ont une livrée pareille, et du jour.

www.ingramcontent.com/pod-product-compliance
Lightning Source LLC
Chambersburg PA
CBHW060136100426
42744CB00007B/812